CASANOVA

(COMPENDIO AUTOBIOGRÁFICO)

CASANOVA

(COMPENDIO AUTOBIOGRÁFICO)

por Roberto Mares

Grupo Editorial Tomo, S.A. de C.V.
Nicolás San Juan 1043
03100 México, D.F.

1a. edición, mayo 2006.

Nicolás San Juan 1043, Col. Del Valle
03100 México, D.F.
Tels. 5575-6615, 5575-8701 y 5575-0186
Fax. 5575-6695
http://www.grupotomo.com.mx
ISBN: 970-666-804-7
Miembro de la Cámara Nacional
de la Industria Editorial No 2961

Proyecto: Roberto Mares
Diseño de Portada: Trilce Romero
Formación Tipográfica: Servicios Editoriales Aguirre, S.C.
Supervisor de producción: Leonardo Figueroa

Impreso en México - *Printed in Mexico*

Contenido

Prólogo

"Ningún hombre que de verdad sea hombre puede leer las Memorias de Casanova sin sentir envidia."
Stefan Zweig

La biografía de un poeta son sus poemas, la de un militar sus batallas, y la de un seductor sus amores. En el caso de este último, la narración biográfica no puede ser hecha sino por él mismo, pues nadie podría relatar de manera anecdótica y objetiva lo que en realidad sucedió en el secreto de la alcoba, y más que eso, en el más profundo secreto del corazón del artista del amor, lo que es algo tan misterioso que tal vez ni él mismo conoce a cabalidad, pues resulta que esta clase de personajes son más raros de lo que podemos imaginar, y esto en dos sentidos, la rareza en cuanto que son sumamente escasos en la historia, y en tanto que su personalidad es más extraña, rara y compleja de lo que pudiera parecernos en una primera apreciación.

A diferencia de Don Juan, que es una ficción en la que se tipifica al seductor, Jacobo Casanova, caballero de Seingalt, fue un hombre de carne y hueso, un hombre que se desborda de realismo y que nos da la impresión de haber elaborado su estilo de vida y el arte que lo caracteriza, desde una posición de auténtica conciencia y no desde los oscuros recovecos del inconsciente.

Fácilmente se podría interpretar la personalidad de Casanova como una madeja de fantasías más o menos neuróticas que se podrían desembrollar con relativa facilidad, y no faltará el analista bisoño que descubra en él un trastorno narcisista, una homosexualidad no asumida, o algunas otras cosas de esa índole, lo que bien pudiera servir para analizar a un seductor de pacotilla o a un "Casanova", entre comillas, como se dice de aquellos hombres cínicos y enamoradizos que manejan sus afectos de una manera poco saludable. Pero el Casanova real, el que se deja ver en estas páginas, no se puede ajustar a las fórmulas de un psicologismo barato, pues eso no haría más que reducir y delimitar nuestra visión del personaje, lo que nos da la sensación de estarlo comprendiendo, aunque nos niega la experiencia del descubrimiento y el asombro, que es lo que nos pasa cuando nos liberamos de todo prejuicio y vemos a las personas como seres únicos e irrepetibles, en un mundo que también posee su propia configuración, por lo que no resulta apropiado el comparar o generalizar.

El verdadero Casanova no es el estereotipo del libertino del siglo XVIII, él supo dar a su vida un sentido propio y auténtico, haciendo en la realidad lo que muchos hombres albergan en su fantasía, pero lo hizo como un caballero, de una manera limpia y respetable. Amó a muchas mujeres, pero nunca destrozó el corazón de ninguna. Casanova se entregó generosamente a las damas que tuvieron la fortuna de conocerlo y satisfizo, como un verdadero artista, sus más íntimas necesidades, y esto lo hizo sin engañarlas, sin manipularlas, sin pedirles nada a cambio, con la gentileza y el delicioso cinismo del hombre intenso, pero culto y refinado, que se deja ver con gracia y naturalidad en las páginas de este libro.

Roberto Mares

Prefacio y apostillas a las memorias

"Escribir mis Memorias fue el único remedido que hallé para no volverme loco o morir de tristeza."

He escrito la historia de mi vida y tengo perfecto derecho a ello. Quiero reírme, ¿y por qué he de negarme esa satisfacción?

Un antiguo autor nos recomienda: "Si no has hecho nada digno de ser consignado por escrito, por lo menos escribe algo digno de ser leído". Sea digno o no de escribirse, mi vida es el tema de estas memorias y mi tema es mi vida. He transcurrido sin que se me ocurriera ni por un momento que alguna vez iba a sentir deseos de redactar la historia de mi vida y, por este motivo precisamente, mis Memorias acaso despierten el interés del lector y merezcan una simpatía, a la que no se hubieran hecho acreedoras si hubiese estado siempre planeando escribirlas al llegar a viejo.

No puede haber pasatiempo más grato, a mis setenta y dos años, que relatar mis aventuras y arrancar más de una carcajada alegre al buen auditorio que me escucha.

El negocio esencial de mi vida ha sido en todo momento dar gusto a mis sentidos, nada ha habido más importante para mí. Me consideré nacido para el bello sexo. He amado siempre apasionadamente a la mujer, y ella me ha amado a mí. Además, siempre he sentido una verdadera debilidad por la buena vida y me he aficionado vehementemente a cualquier objeto nuevo que excitase mi curiosidad.

"He amado los prodigios de la alta cocina: el paté de macarrones hecho por un buen cocinero napolitano, la 'olla

Jacques Casanova de Seingalt.

podrida' de los españoles, y los quesos cuya perfección se manifiesta cuando los pequeños seres que se forman en ellos comienzan a ser visibles... En cuanto a las mujeres, siempre encontré suave el aroma de todas las que amé.

"Reconozco que en el curso de mi vida he sido arrastrado más por los impulsos del sentimiento que por los efectos de la razón, y creo haber aceptado también que mi conducta ha dependido más de mi carácter que de mi espíritu; que siempre ha habido guerra entre los dos y que, en sus choques continuos, nunca me sentí suficientemente lleno de espíritu para mi carácter, ni suficientemente provisto de carácter para mi espíritu.

"He tenido sucesivamente todos los temperamentos: el nervioso durante mi infancia, el sanguíneo en mi juventud y, al fin, el melancólico, que ya no me abandonará más."

Bienaventurados los que logran gozar del placer sin perjuicio de nadie. Rematadamente locos aquellos que se imaginan que al Todopoderoso pueden deleitarle los sufrimientos, los dolores, los ayunos y las abstinencias que se le ofrecen como sacrificios, y que su amor sólo es para los que se limitan cándidamente a sí mismos.

"Dios no puede exigir de sus criaturas sino el ejercicio de las facultades cuyo germen ha colocado él mismo en el interior de las almas."

En estas Memorias no se consignan todas mis aventuras. He descartado las que pueden ofender a algunos individuos a quienes han llegado sus salpicaduras. A pesar de esta reserva, probablemente mis lectores me juzgarán a veces indiscreto, cosa que lamento de verdad. Si se me hubiese ocurrido antes esto, acaso hubiese quemado estas páginas, pero ahora no tengo valor para hacerlo.

Jacques Casanova de Seingalt

DEDICADO CON TODO MI APASIONADO AMOR A:

Bettina, Ángela, Marton, Nanette, Lucie, Madame Manzoni, Lucrezia, Angelique, Therese, Madame F, Countess A. S., Ancilla, Henriette, Manon, Mimi, O'Morphi, Catarina, Marie-Madeleine, Tonine, Barberine, Mme. Zorzi, Therese de la M., la Marquesa d'Urfé, Esther, Giustiniana, Mme. Bared, la Corregidora de Colonia, La Binetti, La Toscani, Therese II, Mme. Dubois, La Corticelli, Leonilda, Lia, Therese III, Marcoline, Pauline, La Valville, La Condesa de Blasin, Charlotte, Doña Ignacia, Nina, Camille, La Chatre, Sarah y la Condesa de la Torre.

Infancia

Nací en Venecia, el 2 de abril de 1725; mi padre fue Gaetano José Jacobo Casanova, quien, muy joven, abandonó a su familia en Parma para seguir a una actriz llamada Fragoletta, que hacía papeles de quinceañera.

Enamorado y sin dinero para vivir, se dedicó a la danza y permaneció cinco años trabajando en el teatro de comedia. Al dejar a Fragoletta viajó a Venecia con una compañía de comediantes que hacían representaciones en el teatro de San Samuel. Frente a la casa en que se alojaba vive un zapatero de nombre Jerónimo Farusi, con su mujer Marcia y su única hija, Zanetta, una bella muchacha de dieciséis años, quien fue mi madre.

De nacimiento fui un niño idiota, torpe y enfermizo. Todos me tenían lástima y me dejaban solo y abandonado. Las probabilidades eran, según parecía, que mi vida no iba a ser larga. En cuanto a mis padres, nunca me hablaban. El primer recuerdo que tengo de mí mismo es de un día, a los ocho años de edad, en que me quedé de pie en un rincón mientras me sangraba la nariz. Mi abuela, que era la única que me quería, me lavó la cara y me llevó en una góndola a visitar a una vieja hechicera que me encerró en un gran cajón. Desde dentro oía carcajadas, gritos alaridos, lloriqueos, cantares, sacudidas y golpes que daban contra la caja. Cuando me sacaron ya no me sangraba la nariz. Luego vinieron los remedios calmantes, los ensalmos, las brujerías, y me dijeron que por la noche me iba a visitar una hermosa dama para hacerme feliz.

Y así ocurrió. Me desperté durante la noche y he ahí por la chimenea bajó una bella y esplendorosa mujer que se sentó en mi cama, me dio unos cuantos regalos, y después de hablarme durante un rato en un idioma que yo no conocía, me besó y desapareció. Después de aquello fueron disminuyendo mis hemorragias nasales poco a poco y mi memoria comenzó lentamente a desarrollarse. Sería ridículo atribuir mi curación a aquel aparente sueño, pero tampoco puede asegurarse que no contribuyese de alguna manera a ella. Sabemos que nunca ha habido hechicerías y brujas, pero su poder siempre ha existido para quienes dan crédito a las astutas bribonas que se hacen pasar por tales.

A principios del año 1734, mi padre, que sólo tenía treinta y seis años, fue víctima de un absceso en el oído que, gracias al hábil tratamiento del doctor Zambelli, se lo llevó al otro mundo en una semana. Dos días antes de su muerte colocó a su familia bajo la protección de los señores Grimani, tres nobles venecianos, y prohibió a sus hijos dedicarse al teatro. Como yo seguía enfermizo y enclenque, consultaron con numerosos físicos, los cuales dijeron que el aire de Venecia era nocivo para mí, y que si no cambiaba de localidad no habría cura para mi salud. En consecuencia, me trasladaron a Padua el mismo día en que cumplí los nueve años y me hospedaron en la casa de una vieja eslava, pagando por el servicio, con la obligación de su parte de alimentarme, lavar mi ropa y mandarme a la escuela. De esta manera mi familia se desentendió de mí.

Mi patrona era una miserable; sus comidas eran escasas y malas, y las habitaciones raquíticas y sucias. Me llevaron a la escuela del doctor Gozzi, sacerdote joven y simpático, en la cual hube de aprender a escribir en compañía de niños más pequeños que yo. Me consagré con ardor al estudio y, al terminar el mes primero, sabía escribir ya tan bien que me ascendieron a la clase superior.

La nueva vida que estaba llevando, el agotamiento a que me habían tenido condenado y el aire de Padua me hicieron adquirir una salud que nunca antes había tenido. Pero estaba creciendo muy rápido, y el hambre que estaba obligado a soportar me hacía intolerable; pero la necesidad aguza el ingenio, y yo saqueé el armario y la alacena, robé el gallinero, entré a saco en la chimenea donde estaban ahumando las salchichas y, todavía flaco como un esqueleto ambulante, me dejé sobornar por los demás muchachos con chuletas y pollos asados cuando el maestro me nombró auxiliar suyo.

Me convertí en un tirano, negándome a dar las notas que se merecían a los que se resistían a rendirme tributo, y cuando, por fin, los muchachos protestaron ante el doctor Gozzi de mi abuso de autoridad, fui relevado de mi puesto. Sin embargo, cuando se enteró del motivo de aquel comportamiento mío, arregló las cosas para que me hospedase en su casa, decisión que yo recibí con gran alegría.

Bettina

La familia del doctor Gozzi estaba compuesta por su madre, su padre y su hermana Bettina, quien a sus trece años era bonita, vivaracha y muy aficionada a leer novelas. Enseguida me tomó cariño y poco a poco fue encendiendo mi corazón con la primera chispa de amor, que iba a convertirse desde entonces y para siempre en la regla de mi vida.

Mientras el joven sacerdote se consagraba a enseñarme cuanto sabía, incluso a tocar el violín, Bettina me arreglaba todas las mañanas. Me peinaba el pelo, muchas veces cuando todavía estaba en la cama, con el pretexto de que no podía esperar a que me levantase y vistiese. Me lavaba la cara, el cuello y el pecho y me dispensaba caricias infantiles que yo creía inocentes, pero que me hacían enfadarme conmigo mismo, porque sentía que me excitaban. Una vez que estaba sentada en mi cama, me dijo que estaba engordando y quiso comprobarlo palpándome con las manos, aquello me produjo la más intensa emoción. Después de haberme vestido me daba a menudo los besos más cariñosos, llamándome su niño adorado, pero por más ganas que sentía yo de seguir su ejemplo, no lograba atreverme a tocarla.

Una mañana se acercó a mí cuando estaba todavía en la cama y me trajo un par de medias blancas que había tejido para mí. Después de arreglarme el pelo, me pidió permiso para ponerme ella misma las medias, con objeto de corregir los errores que hubiese en los otro pares que pensaba hacerme. Según me las estaba poniendo, notó que mis piernas no estaban muy limpias, y sin más se puso a lavármelas. Me daba vergüenza manifestar mi timidez y apuro, y le dejé hacer lo que se le antojó, sin prever lo que podía pasar; porque se sentó en la cama y su amor a la limpieza fue demasiado lejos, y su curiosidad me produjo un sentimiento de tan intensa voluptuosidad que no cedió hasta que no pudo pasar más adelante. Echándome la culpa a mí mismo, le pedí perdón, pero ella se empeñó en que la culpa era suya.

No dejé de darle vueltas en la cabeza a lo que había ocurrido. Me parecía que había cubierto a Bettina de deshonra, que había violado la hospitalidad y la confianza que su familia había depositado en mí y que había cometido el crimen más horrendo, el cual sólo podía expiar casándome con ella. Pero ocurrió que, estando así las cosas, uno de los nuevos pupilos del doctor Gozzi, un zángano que tenía el nombre de Cordiani, empezó a usurpar mi puesto en el cariño de Bettina. Cuando lo encontré una mañana temprano saliendo de su habitación, me sacudió en el estómago una patada tan furiosa que me creí curado para siempre de mi afición a la muchacha.

Poco después, Bettina me dijo que era inocente y que Condiani, después de haber estado atisbando por la cerradura, la amenazó con contar a su hermano lo que había pasado inocentemente entre nosotros. Antes de poder decidirme a creer su cuento, la pobre cayó en cama con una fiebre muy alta y al cuarto día le brotaron las viruelas. Como yo era el único que las había tenido antes, sólo a mí se me permitió seguir viviendo en casa del doctor Gozzi. La estuve atendiendo durante dos semanas, hasta que por fin la calentura remitió y ella comenzó a mejorar. La enfermedad nos acercó más a los dos, porque ella creía que me había merecido todo su amor. Yo le pagué en la misma moneda, pero no quise arrancar la flor que el destino y los prejuicios reservaban a su futuro marido.

Desgraciadamente, el hombre con el que se casó era un animal que no supo apreciar lo que valía esta dulce y ardiente doncella.

Cuando me metí en la cabeza todo lo que el doctor Gozzi fue capaz de enseñarme fui a la Universidad de Padua. Por primera vez era un hombre libre y no tardé mucho en estar en compañía de los estudiantes más golfos. Era una gavilla de infames, disolutos, jugadores, frecuentadores de casas de vicio, bebedores, embusteros, y corruptores de muchachas honradas. En su compañía comenzó mi aprendizaje del mundo y el libro de la experiencia fue quien me enseñó la lección.

Aunque mi verdadero deseo era estudiar medicina, profesión por la cual sentía una profunda inclinación, mis consejeros me recomendaron que me hiciese abogado; y algo peor todavía, se empeñaron en que fuera abogado eclesiástico. Cuando regresé a Padua fui presentado a Monseñor Corrare, patriarca de Venecia, quien me impuso la tonsura y luego me administró las cuatro órdenes menores.

Por entonces conocí a M. de Malipiero, viejo solterón y senador, que se daba la gran vida sin privarse de lujo ninguno, sólo que amaba a Teresa Imer, coqueta de diecisiete años que vivía en una casa al lado de la de él. Teresa iba a misa todos los días acompañada de su madre, pero por la tarde visitaba al enamorado viejo, y cuando el hombre intentaba besarla, ella lo rechazaba diciendo que, como había practicado sus devociones por la mañana, no podría estar en paz consigo misma si acaso Dios estaba todavía en su estómago. ¡Qué espectáculo para mí, que tenía entonces quince años!

Me hice amigo predilecto del viejo magnate y era invitado suyo a las reuniones nocturnas en las que empecé a relacionarme con muchos individuos de rango y talento que pertenecían al mundo intelectual.

La primera oportunidad que se me presentó de actuar de predicador me la proporcionó M. de Malipiero, quien me invitó a ocupar el púlpito de la iglesia del Santo Sacramento, al día siguiente de Navidad del año 1740. Me acercaba por entonces a los dieciséis años y trabajé con verdadero ahínco mi sermón. Cuando lo pronuncié estaba presente lo mejor de la sociedad de Venecia, y todos me aplaudieron y profetizaron que con el tiempo sería el mejor predicador del siglo, porque jamás habían oído a un clérigo de quince años que predicase como yo lo había hecho. Era costumbre que los fieles depositaran una ofrenda para el predicador en una bolsa que se les entregaba para ese fin. El sacristán la vació y contó más de cincuenta sequines y, con gran escándalo de mis hermanos presentes, encontró también varias misivas de amor.

Me invitaron a predicar otro sermón el día de San José, y de nuevo preparé otra alocución que conquistase la admiración de los amigos que me la habían encargado. Pero el destino había decidido que no habría de predicar más de una vez en toda mi vida. Como era joven y vanidoso, no quise gastar mucho tiempo en aprenderme de memoria el sermón y, después de una buena y copiosa comida, me lancé a la iglesia con el estómago lleno y la cabeza pesada. Pronuncié el exordio bastante bien y empecé con el cuerpo de la exposición... pero de pronto me estrellé contra una muralla cerrada... ¡Se me había olvidado completamente lo que tenía que decir! Comencé a divagar, me perdí miserablemente, acabé con la paciencia de la congregación y, finalmente, tuve la suficiente presencia de ánimo para simular un desmayo, y en aquel estado fui sacado de la iglesia por dos coadjutores del párroco.

En cuanto me puse bien, me dirigí a Padua para prepararme al doctorado de Derecho. No volví hasta después de Pascua, cuando ya se había olvidado mi desventura.

Lucía

Mi tutor y confesor, el padre Tosello, tenía una bella sobrina llamada Ángela, de la cual me enamoré en cuanto la vi. Pero Ángela era una chica virtuosa. No se opuso a mi amor, pero quería que renunciase a la Iglesia y me casase con ella. Yo no me decidía a dar aquel paso y durante todo el verano estuve cortejándola, con la esperanza de que cambiase de parecer.

Como el padre Tosello no ponía buena cara a aquellas relaciones, me veía con ella en la casa de su maestra de bordado. Los arrebatos poéticos que arrancaban suspiros a mi corazón hicieron menos efecto en ella que en sus amigas, dos hermanitas llamadas Nanette y Marton, que asistían a la misma clase.

En los primeros días de otoño me invitó la condesa de Mont-Réal a pasar una temporada a su hermosa finca de Paséan. Acepté su ofrecimiento para olvidar los rigores de la cruel Ángela y se me destinó una preciosa habitación de la planta baja que iba a dar a los jardines. La mañana siguiente a mi llegada me encontré con una deliciosa y encantadora criatura que me despertaba llevándome café. Estaba tan bien formada como una muchacha de diecisiete años, aunque apenas había llegado a los catorce. ¡Oh su color de nieve, su cabello negro como ala de cuervo, sus ojos oscuros radiantes de fuego y de inocencia, su vestido reducido a una camisa y a una corta basquiña que dejaba ver su torneada pierna y su diminuto y delicado pie!

La miré transido de delicia y ella me sonrió como si fuéramos viejos amigos.

—¿Cómo habéis encontrado la cama? —me preguntó.

—Sumamente cómoda, estoy seguro de que fuisteis vos quien la preparó. ¿Quién sois?

—Lucía, la hija del portero. Me alegro mucho de que no tengáis criado. Yo seré vuestra doncella y espero que quedéis satisfecho de mí.

Me quedé pasmado de la liberalidad elegante de sus maneras, de su belleza y de su encantadora sonrisa. Todavía no había terminado el café, cuando entraron en mi habitación los padres de Lucía. Ella no se movió de mi cama, donde había permanecido sentada, sino que los miró ufana de haberse situado ahí. Ellos la reprendieron por su atrevimiento y la mandaron a vestirse. Todo eran alabanzas para ella, sólo que le ponían un defecto.

—¿Cuál es?— les pregunté.

—Es demasiado joven.

—Ése es un defecto delicioso que el tiempo se encarga de corregir.

Lucía volvió, alegre como un jilguero, vestida con mucho gusto, con sus zapatitos bien abrochados y la cabellera peinada según el estilo peculiar suyo. Besó a sus padres y a mí me hizo una reverencia. Cuando le dije que se acercase y se viniese a sentar en la cama me contestó que no podía tomarse tal libertad cuando ya estaba vestida. La sencillez, naturalidad y candor de aquella contestación me resultaron encantadoras. La observé para ver si era más bonita con su nuevo vestido que con su *negligé* matutina y me pareció mejor ésta. La verdad era que Lucía superaba en todo no sólo a Ángela, sino también a Bettina.

Todas las mañanas, en cuanto abría los ojos, tocaba la campanilla y aparecía la linda Lucía, tan sencilla y natural como siempre, con sus fáciles maneras y sus observaciones maravillosas. El candor y la inocencia resplandecían profusamente en toda su persona. No podía concebir cómo, con aquella amabilidad, con aquella virtud y con aquella inteligencia, no corría el riesgo de excitarme al presentarse sola en mi habitación, sobre todo con tanta familiaridad. Me imaginé que acaso no daba mucha importancia a ciertas libertades y me decidí a tantear el terreno. Alargué hacia ella una mano audaz, e involuntariamente se apartó sonrojándose, y desapareció su alegría. Volvió hacia otro lado la cabeza y esperó a que retornase la tranquilidad. Entonces me miró de nuevo y se me acercó otra vez, y leí en su cara la expresión de que acaso había interpretado mal un momento que por mi parte pudo haber sido perfectamente inocente. Prometí tener con ella una conversación amistosa a la mañana siguiente.

En efecto, al otro día, según estábamos hablando, le dije que tenía frío, pero que si se recostaba junto a mí se me pasaría.

Se recostó junto a mí y siguió charlando, aunque yo no comprendía una sola palabra de lo que decía, porque en aquella situación tan singular y sin querer dar rienda suelta a mis ardientes deseos, tenía otras cosas en qué pensar. Cuando dieron las nueve se levantó y salió de la habitación, porque le entró miedo de que si nuestra anfitriona nos descubría tal como estábamos se iba a reír de ella y le haría bromas.

A la mañana siguiente sólo le permití que se sentara en la cama. Había decidido dominarme enérgicamente y evitar el más ligero contacto con ella. Al cabo de diez o doce días ya no pude resistir más el efecto que producía en mis sentidos esta bella muchacha que todos los días, al romper el alba, penetraba en mi habitación con muy poca ropa encima, se acercaba a mi cama para preguntarme cómo había dormido, inclinaba su cabeza con toda familiaridad hacia mí y, por decirlo así, dejaba caer sus palabras en mis labios. En aquellos momentos volvía yo mi cabeza para otro lado, pero ella, con su candor, me reprochaba que tuviese miedo, cuando ella se sentía tan segura y, si le contestaba que no era posible que temiese a una niña, me replicaba que una diferencia de dos años no significaba gran cosa.

Agotado y entre la espada y la pared, pasaba las noches devorado por el ardor de mis sentimientos, esperando que amaneciese para volver a ver a Lucía. Hasta que un día le hablé del terrible estado en que me había puesto su belleza y le descubrí mis sufrimientos por tratar de dominarme. Y terminé por rogarle que no me volviese a ver.

Cuando estaba acabando mi exposición, Lucía vio que tenía los ojos húmedos de lágrimas y, sin pensarlo, se acercó para enjugármelas y, al hacerlo así, descubrió dos globos cuya belleza podía haber dado al traste con la serenidad del más experto navegante.

Aquella candorosa niña siguió decidida a amarme y se confió a mi protección, pero antes de que cayese en la cuenta, estábamos uno en brazos del otro. Sin embargo, a pesar de que noche tras noche bordeábamos el abismo y de que Lucía hizo cuanto estuvo en su mano para hacerme quebrantar el propósito que me había formado, llegué al fin de mi estancia en Paséan sin acabarme de rendir a la tentación que tan encantadoramente me salió en el camino. Nuestra despedida fue tierna y muy triste, y la dejé en un estado de alma y de cuerpo que acaso fue la causa de sus desgracias posteriores.

Nanette y Marton

Una vez de vuelta en Venecia me puse de nuevo a cortejar a Ángela, pero su tío no tardó en advertirme que aquellas visitas constantes podían ser malinterpretadas y perjudiciales para la buena reputación de su sobrina, por lo cual me decidí a utilizar como mensajeras a sus dos comprensivas amigas. Nanette, de dieciséis años, y su hermana, Marton, algo más joven. Su tía y guardiana, madame Orio, estaba necesitando una pensión que debía serle concedida a cargo de un fondo administrativo por M. de Malipiero y, valiéndome de la intervención de Teresa Imer, logré que se le otorgase.

Todos los domingos compartían las dos hermanas su amplio lecho con Ángela en el tercer piso. Aquel mismo día me presenté en la casa de Orio con la concesión de la pensión de que hice obsequio a su agradecida tía. Me invitó entonces a que me quedase a cenar, pero rechacé su ofrecimiento por consejo de Nanette. Una de las muchachas me acompañó a la puerta de la calle, que cerramos de golpe, con todo cuidado. Pero la pupila se volvió al cuarto de estar mientras yo subía sin hacer ruido al piso tercero para esperar a las tres en la habitación.

Luego pasé tres horas de estériles intentos por reducir la dureza de diamante de Ángela. Al mismo tiempo pude ver la impresión que producía en las dos hermanitas las pláticas apasionadas que dirigía a su amiga. Cuando se apagó la vela, traté de tantear a ciegas y palpé por todas partes, pero fue en vano. Cada vez que pescaba a alguien resultaba ser Nanette o Marton, quienes, siguiendo las reglas del juego, inmediatamente revelaban sus nombres y yo, como un estúpido Don Quijote, las dejaba marchar al momento.

Al amanecer, exhausto, derrotado y llorando de pura rabia, di rienda suelta a cuantos insultos y maldiciones acudían a mi mente furiosa y, al ver a las tres bañadas en lágrimas, me escabullí a casa en cuanto oí que Madame Orio había salido a misa.

Decidí no volver a ver jamás a Ángela, y al poco tiempo marché a Padua a recibir el grado de doctor in utroque jure. Cuando volví, me invitó madame Orio a su casa, y las dos graciosas hermanitas se portaron conmigo tan amables y simpáticas que borraron totalmente el recuerdo de aquella noche horrenda que pasé en su habitación dos meses antes. Al salir, Nanette deslizó en mi mano una nota de Ángela, en la que me decía que seguía queriéndome, y otra en que la misma Nanette me suplicaba que fuese el domingo para otra cita con Ángela.

Provisto de una lengua de vaca ahumada y de un par de botellas de vino que llevaba escondidas bajo mi capa, me encaminé el domingo siguiente a casa de Madame Orio. No estaba Ángela, pero Nanette me susurró al oído que la esperaban más tarde. Como de costumbre, decliné la invitación de mi huésped para cenar y me deslicé escaleras arriba en lugar de salir a la calle. Nanette y Marton se unieron conmigo, pero Ángela seguía todavía sin dar señales de sí. Creyendo que una vez más me había tomado el pelo y sin caer en la cuenta de que era una broma agradable de las dos hermanas, decidí vengarme y reírme a mi vez de ella.

Las muchachas pusieron el mantel, trajeron pan, queso y agua y cenaron conmigo por segunda vez. No estaban hechas al vino y se les subió a la cabeza. Su alegría era tan deliciosa que me quedé pensando, según las miraba, cómo había podido ser tan ciego que no había caído en la cuenta de que ellas eran superiores a Ángela.

Después de cenar me senté entre las dos, jugando con sus manos y besándoselas, mientras ellas me contaban las lágrimas que habían derramado por la conducta inconcebible de Ángela conmigo. Me sentí tan tierno hermano suyo, y ellas tan cariñosas hermanas mías, que empezamos a cambiar mutuamente pruebas de nuestro afecto.

El primer beso que les di se atribuyó totalmente a motivos inofensivos, y ellas me lo devolvieron con el exclusivo objeto de demostrarme que estaba a la recíproca en cuanto a sentimientos fraternales. Pero a medida que fuimos repitiendo aquellos inocentes besos, fueron haciéndose más ardientes y llegaron a encender una llama que, sin duda alguna, nos cogió de sorpresa, porque nos detuvimos al poco tiempo como de común acuerdo, mirándonos mutuamente con expresión de verdadero asombro. La verdad no podía ser más natural que aquellos besos ardientes, dados y recibidos por mí, enviasen el fuego de la pasión a través de todo mi cuerpo y me hiciesen enamorarme locamente en un momento de las dos adorables hermanitas. No era tan vanidoso que creyese que ellas se habían enamorado de mí, pero tenía que admitir que mis besos habían producido en ellas el mismo efecto que los suyos en mí.

Al poco rato hice como que me sentía profundamente adormilado. Ellas se pusieron a cuchichear, después de lo cual Marton me dijo que me acostase, y que ellas me seguirían en cuanto me hubiese dormido del todo. Nanette apoyó esta proposición, con lo cual me volví de espaldas, me desnudé en un santiamén, les di las buenas noches, y me acosté.

Simulé que me dormía, pero llegué, en realidad, a amodorrarme un poco y sólo me despabilé cuando vi que se habían metido en al cama. Entonces, dándome la vuelta como si volviese a quedarme dormido, me estuve muy quieto hasta que supuse que las dos estaban durmiendo ya. De todas maneras, si estaban fingiendo, tenían perfecto derecho a ello. Se habían vuelto de espaldas a mí y estaba apagada la luz, por lo cual no podía hablar más que al tanteo. Mis primeras atenciones fueron para la que estaba acostada a mi derecha, sin saber si era Nanette o Marton.

Noté que estaba acurrucada y cubierta con la única prenda que se había dejado puesta. Con mucho tiempo y paciencia, y sin ofender su modestia, la fui obligando gradualmente a que reconociese su derrota, convenciéndola de que lo mejor era que siguiese fingiendo estar dormida y me dejase actuar. Pronto sus instintos naturales funcionaron al unísono con los míos, así que alcancé mi meta y mis esfuerzos quedaron coronados por el éxito más completo. No me cabía la menor duda de que había cosechado aquellos frutos primerizos a los cuales nuestros prejuicios conceden tanta importancia.

Loco de contento por haber gozado completamente y por primera vez de mi virilidad, me retiré calladamente de mi belleza para rendir homenaje a su hermana. La encontré inmóvil, acostada de espaldas, como una persona sumida en el sueño más profundo y tranquilo. Con sumo cuidado empecé a recrear delicadamente sus sentidos, y no tardé en caer en la cuenta con verdadera satisfacción de que, al igual que su hermana, era doncella incontaminada. En cuanto un movimiento natural me indicó que el amor iba a aceptar mi oferta, tomé las medidas para consumar el sacrificio. En aquel momento, cansada ya de disimular tanto y dando de pronto rienda suelta a la violencia de sus sentimientos, me estrechó ardorosamente entre sus brazos en el instante preciso de la crisis voluptuosa, cubriéndome de besos y compartiendo mi arrebato, mientras en amor fundía nuestras almas en la delicia suprema del éxtasis.

A la mañana siguiente, Nanette se las arregló para procurarme una impronta en cera de la llave de la casa, con la cual pude pasar dos noches cada semana con las dos hechiceras hermanas, puesto que no tenía dificultad alguna en penetrar en la casa disponiendo, como disponía, de mi propia llave.

La víspera de la ascensión del año 1741, fui presentado a La Julieta, la joven cortesana de moda cuya belleza era el tema de todas las conversaciones de Venecia, se le conocía con el apodo de La quitamanchas, porque su padre había sido tintorero; pero ella insistía en que se la llamara señorita Preati, que era el apellido de su familia. La había introducido en el mundo social el marqués de Sanvitali de Parma, quien le regaló de golpe cien mil ducados en pago a sus favores y como indemnización a la bofetada que en público le había propinado su mujer.

Julieta era una espléndida belleza a sus dieciocho años, pero para mi gusto su boca resultaba un tanto grande, sus manos eran demasiado carnosas y sus pies un poco más o menos. No se podía dudar de su hermosura, pero no valía los cien mil ducados.

Ella se proponía dar un baile, y al enterarse de que en mi casa había un salón bastante espacioso, me preguntó si podía utilizarlo juntamente con las dependencias adyacentes. La perspectiva era magnífica y, mientras los invitados empezaron a bailar los primeros minuets de después de cenar, la cortesanita me llevó aparte y me suplicó que la acompañase a su dormitorio. Ahí me propuso, haciendo honor a su temperamento divertido, que nos cambiásemos los trajes y bailásemos juntos. Con la esperanza de que hubiese algo más accedí en el acto y me aproveché de la oportunidad de cambiar mi ropa por la suya para demostrarle mi admiración por los encantos que me descubrió, pero fui rechazado ásperamente. No cabe duda de que una mujer honrada no se hubiera expuesto a un riesgo así, a menos que su propósito fuese manifestarme sus sentimientos afectuosos, y no tenía sentido que se hubiese retirado en el momento preciso en que vio los efectos que sus encantos habían producido en su compañero. Pero las mujeres como Julieta suelen estar dominadas por un espíritu de contradicción que las hace conducirse en contra de sus verdaderas reacciones.

Una vez completado nuestro disfraz, nos presentamos juntos en la sala de baile, donde los aplausos entusiásticos de los invitados nos devolvieron el buen humor. Todos me dieron crédito porque imaginaban que la suerte me había sonreído, pero aquel humor no me gustó mucho y seguí bailando con el falso abate que no había sido extremadamente generoso de su belleza conmigo.

Cuando nos retiramos a ponernos otra vez nuestra ropa, pensé que acaso se había arrepentido de su comportamiento anterior y, sintiendo dentro de mí el deseo de poseerla, la tomé de la mano, haciendo protestas de que estaba dispuesto a darle todo género de satisfacciones, pero me soltó un bofetón en plana cara con tal rapidez que a punto estuve de contestarle de la misma manera. Entonces me dijo que si se me ocurría asaltar otra vez su morada, me tiraría por la ventana, y que de divulgarse su aventura nocturna, me asesinaría. Yo me cuidé mucho de no darle motivo para que ejecutase ninguna de las dos amenazas. Aunque seis años más tarde me habría de encontrar con ella en Cesena, y después en París, donde tuve la prudencia de no meterme más con ella.

Llegada la Pascua, la condesa de Mont-Réal me invitó a que hiciese otra visita a Paséan, ofrecimiento que acepté, señalándome la misma habitación. A los primeros resplandores de la aurora me desperté exaltado y me imaginé que iba a verme de nuevo con la pequeña Lucía, a la que me proponía no tratar más como a una chiquilla. Pero en lugar de su gracioso semblante que encandilaba mis ojos, me encontré con una criatura fea y gorda. Lucía se había fugado con L'Aigle, correo del conde Daniel, el villano que la había seducido.

Yo lo sentí tanto como sus desventurados padres, y me reproché haberla dejado en un estado de ardorosa excitación, al cual, sin duda, se debió el que fuese víctima del primer sinvergüenza que se le acercó.

El triste destino de Bettina y Lucía, cuya inocencia supe respetar y que después cayeron en manos de hombres sin entrañas que las trataron mal, cosa que jamás hubiese yo hecho, me impulsó a decidirme de una vez a tirar por la ventana mis escrúpulos y mi timidez, cuando el amor y mi pareja me urgiesen a ello.

También estaba de invitada en Paséan la resiente esposa de un acaudalado y joven oficial del gobierno. Con objeto de apartar mi mente de Lucía me insinué a aquella florecita delicada, pero sin éxito, hasta que una tarde en que salimos a dar una vuelta en coche de dos ruedas, una violenta tormenta la amedrentó hasta producirle casi un ataque de histerismo. Adoptando un método de distracción para excitarla con algo mejor, logré curarla del miedo a los truenos, aunque dudé mucho de que fuese a revelar el secreto de mi remedio.

—Por lo menos hay algo que es indudablemente cierto —comentó ella después—: Ninguna mujer ha sido curada de esto con la receta que me has aplicado.

—¡Cómo! —repliqué—, si ha venido aplicándose millones de veces en las mismas circunstancias durante los últimos mil años. Si quieres que te sea franco, ya me había hecho alguna ilusión de aplicártelo cuando subimos al carruaje, porque no se me ocurrió otro procedimiento para alcanzar la felicidad de poseerte. Pero consuélate, porque no hay mujer asustada por una tormenta que pudiese resistir la tentación.

Llegamos a Paséan una hora antes que el resto de los huéspedes y, cuando salimos del coche, mi bella pareja subió corriendo inmediatamente a su alcoba.

Durante la cena la conversación recayó sobre la tormenta, y el marido, que conocía la debilidad de su esposa, me dijo que estaba completamente seguro de que no me quedarían ganas de volver a hacer una excursión con ella.

—Ni a mí con él —replicó la mujer—, porque con su impío pavor, se puso a exorcizar los relámpagos con chistes.

Cuando volví a Venecia encontré enferma a mi abuela y me enmendé de mis malos hábitos, porque la quería mucho y deseaba colmarla de toda clase de atenciones y cuidados. No la abandoné hasta que exhaló el último suspiro. No pudo dejarme nada en herencia porque en vida me dio cuanto tenía. Su muerte me impulsó a cambiar totalmente el tenor de vida.

Me preparé a abandonar nuestra casa, porque mi madre me escribió diciéndome que ya no podía pagar la renta. Mis hermanos, mi hermana y yo debíamos trasladarnos a una casa de huéspedes, pero, al ver que el mobiliario era la única herencia que iba a recibir de mi padre, empecé a venderlo según iba necesitando dinero, con la esperanza de irme a vivir después con mi familia. Aquello dio lugar

Los canales de Venecia, cuna de Casanova.

a una discusión larga y amarga con mi guardián, el abate Grimani y un tal Antonio Razetta, su lugarteniente.

Pero mi espíritu se animó al recibir una carta de mi madre, que esta vez me escribió desde Varsovia:

"Querido hijo: En pago a mis servicios por haber ayudado a un fraile a conseguirle un nombramiento para el obispado de Matirano en Calabria, este digno sacerdote me ha prometido protegerte y tratarte como a un hijo. El buen Obispo te llevará con él hacia mediados del año que viene, en su viaje por Venecia. Él te preparará el camino para que escales las más altas dignidades de la Iglesia, ya podrás imaginarte lo orgullosa que me sentiré cuando, al cabo de unos veinte o treinta años, tenga la dicha de verte, por fin, Obispo."

Me dispuse a dejarme llevar por mi buena suerte, despidiéndome de una buena vez de mi querida Venecia. M. de Malipiero, quien había observado que en Venecia me estaba entregando a la vida de placer y disipación, y que estaba gastando un tiempo precioso, se mostró encantado de verme partir en busca de un destino mejor.

El senador se jactaba de saber descubrir, en la fisonomía de la gente joven, determinados rasgos que los señalaban como favoritos de la fortuna. En mi tiempo tenía él tres protegidos por cuya educación estaba interesado. Ellos eran, además de mí, Teresa Imer, con quien ya había tenido algunas ligeras relaciones mi protector, y Augusta, hija del gondolero Gardela, doncella tres años más joven que yo, que tenía el tipo más arrogante y fascinador que se pueda uno imaginar. El viejo estaba pagando las lecciones de canto de Teresa con objeto de ayudar al destino, y costeaba por el mismo motivo la enseñanza de baile de Augusta.

Cierto día, después de que los tres habíamos comido con él, nos dejó, según era su costumbre, para echarse una siesta. La pequeña Gardiela salió un poco después a tomar sus lecciones de baile, con lo que me quedé a solas con

Teresa, a la que admiraba cumplidamente, pero sin haberme insinuado a ella.

Estábamos sentados a la mesa muy cerca el uno del otro, con la espalda vuelta hacia la puerta de la habitación en que creíamos que nuestro patrón se había quedado dormido. No sé cómo se nos ocurrió la idea de observar la diferencia que había entre un hombre y una mujer. Pero en el momento más emocionante de nuestro estudio, un fuerte estacazo que recibí en los hombros, seguido después de otro, y, si no corro a toda prisa, de muchos otros más, nos obligó a abandonar sin terminar nuestras interesantes investigaciones.

Me escapé, sin sombrero ni capa, y me fui a casa, pero menos de un cuarto de hora después, la vieja ama de llaves del senador me llevó aquellas prendas, con una carta en que se me ordenaba no volver a presentarme jamás en su casa.

Pero no hay experiencia carente de valor, si uno tiene ingenio suficiente para aprovecharse de ella, el bastón de M. de Malipiero me metió a golpes en la cabeza un mensaje cuyo significado podía expresarse así: "¡Que nunca te descubran!" Rara vez, si es que alguna vez lo olvidé, dejé de tener presente aquel aviso en los años que siguieron.

Cuando terminaron la renta y el año, M. Grimani y el abate Tosello arreglaron las cosas para mandarme a un seminario clerical. Aquello era absurdo, porque a los diecisiete años y con una naturaleza como la mía, el seminario no era un lugar a propósito para mí. Sin embargo, lo tomé más bien como una buena broma y me decidí a entrar de buen grado en San Cipriano de Murano, pero después de pasar una noche de despedida con Nanette y Marton, durante la cual no me resignaba nunca a hacer la última oferta, cosa que por fin hube de aceptar cuando se acabó el incienso.

No aguanté mucho tiempo en el seminario, en realidad no pasó de quince días, y apenas había llegado a Venecia de vuelta cuando me echaron mano unos soldados que llevaban órdenes del abate Grimani, y me condujeron a la fortaleza de San Andrés, situada en las costas del Adriático.

Sin que se me dijese qué cargos había contra mí, me encerraron en el torreón de guardia del fuerte, donde pasé la noche más incómoda, alborotada e insomne de mi vida, entre soldados eslavos que cantaban, comían ajos, fumaban tabaco apestoso y bebían un vino de su país, negro como la tinta.

A la mañana siguiente, de madrugada, el comandante Pelodoro, gobernador de la fortaleza, me dijo que no estaba más que cumpliendo las órdenes del Secretario de Guerra de Venecia. Me permitió andar libremente por el fuerte y escribir a mis amigos. Comí con él y una serie de señoras y caballeros a los cuales referí mi historia, demostrándome ellos a su vez su simpatía.

Ésta era una pieza de buena suerte que nunca me daba malos resultados cuando estaba siendo víctima de la opresión. Cuando me encontraba con personas honradas que sentían curiosidad por conocer la historia de mis infortunios, siempre lograba inspirarles deseos de ser amigos, una vez que satisfacía su curiosidad, conquistándome su buena voluntad.

Acuartelados en la fortaleza había dos mil soldados albaneses, llamados cimariotes. Ayudé al teniente coronel, que no sabía leer ni escribir, redactando una breve instancia dirigida por él al Secretario de Guerra, que le mereció ser ascendido al comando del regimiento. La consecuencia fue que todos los demás oficiales se convencieron de que sólo con la ayuda de mi pluma podrían triunfar, cosa que era verdad, porque ninguno de ellos tenía más letras que su comandante, gracias a lo cual al poco tiempo era yo el dueño afortunado de unos cuarenta sequines.

El día en que cumplía los dieciocho años me visitó en mi habitación una hermosísima mujer griega, quien me dijo que su marido, que era alférez, ya debía haber ascendido a teniente, de no ser por la oposición de su capitán, quien le tenía ojeriza porque su esposa le había negado ciertos favores, de los cuales sólo era merecedor su marido.

Me suplicó que le escribiese un memorial que ella personalmente presentaría al Secretario de Guerra, y añadió que lo único que tenía para pagarme aquella merced era su corazón. Yo le contesté que eso no era bastante. Dicho y hecho, porque no me encontré con más resistencia que la de cualquier mujer hermosa que sabe fingir por cubrir las apariencias. Después de lo cual le dije que volviese al mediodía, porque para entonces estaría preparada la solicitud. Acudió puntualmente a la hora indicada, y con toda generosidad me otorgó una segunda vuelta; y por la tarde, so pretexto de que había que hacer algunos cambios en el procedimiento, me brindó otra excelente oportunidad para cosechar una tercera recompensa.

Mas, ¡ay!, el sendero del placer no está sólo alfombrado de rosas, porque averigüé, con gran tristeza de mi parte, que entre las flores había una víbora escondida. Necesité de seis semanas de cuidados y una dieta rigurosa para recuperar mi salud.

Cuando me encontré de nuevo con la hermosa griega, fui lo suficientemente irreflexivo para reprocharle el perverso regalo que me había hecho, a lo cual ella contestó, entre risas y burlas, que me había ofrecido y entregado lo que poseía, y que la culpa la tenía yo, por no haberme andado con cuidado. El lector no puede imaginarse cuánto daño me hizo aquel contratiempo, y cuánta fue la vergüenza que sentí.

Pocos días después tuve doble motivo para arrepentirme de aquel encuentro con la griega, cuando me visitaron, el día de la Ascensión, mis dos amiguitas Nanette y Marton, por lo que no pude ofrecerles más que caricias superficiales y besos amorosos, con gran desilusión de parte de ellas.

Unas semanas más tarde, mientras sosteníamos una divertida conversación durante la cena, el comandante me anunció que la petición que había elevado al Secretario de Guerra, solicitando mi libertad, había sido atendida y que desde ese momento era hombre libre. No creyendo que hablaba en serio y para seguirle la broma, le dije que prefería su casa a Venecia y que, para demostrárselo, me quedaría una semana más, si me daba permiso. Él me tomó la palabra y todo mundo pareció muy divertido. Pero, dos horas después, cuando se confirmó la noticia, me arrepentí de haber perdido una semana de libertad por una tontería como aquella. Sin embargo, no tuve valor para quebrantar mi palabra, porque todo el mundo, y sobre todo la señora Pelodoro, me habían dado muestras de divertirlos tanto aquella apuesta, que hubiese quedado muy mal si me hubiera vuelto atrás. Fue así como corrí mi última aventura en el castillo.

El conde de Bonafede, hombre ya entrado en años, fue conducido a la fortaleza, condenado a una semana de cárcel por haber amenazado al Correo Mayor de Venecia, barón de Taxis, con hacer que lo destituyesen, porque los empleados del correo lo habían insultado al negarse a entregarle su correspondencia mientras no pagase el franqueo.

Por la tarde vinieron a visitarlo su esposa y su hermosa hija. La joven condesa era toda una belleza moderna. Su cabellera tenía cierto lustre cobrizo oscuro; sus ojos eran azules y muy hermosos, su nariz tenía línea romana y en su linda boca, entreabierta y riente, se veían dos filas de dientes tan blancos como su tez. Su talle era tan fino que parecía etéreo y sus pechos, perfectamente formados, eran como un altar en el cual el dios del amor iba a aspirar con delicia las volutas del más suave incienso. Este busto magnífico todavía no estaba bien guarnecido, pero con mi imaginación le di la robustez que me pareció bien, y me quedé tan encantado que no podía quitar los ojos de ella. Entonces los clavé en los suyos y su aire riente parecía advertirme: "No tenéis más que esperar unos dos años, y cuanto vuestra imaginación está creando en estos momentos existirá realmente."

Estaba elegantemente vestida, a la última moda, con grandes collares. Fui presentado y recibido con gran cortesía y le ofrecí mi brazo para acompañarla hasta las partes interiores de la fortaleza. Tropezó en una piedra y se le salió uno de los zapatos, por lo que me presentó su lindo pie, rogándome que le pusiese su chapín. Yo me arrodillé en el suelo y, probablemente sin advertirlo, se levantó la falda. Su tontillo o faldellín era muy ancho y no llevaba basquiña. Lo que vieron mis ojos era suficiente para haberme quedado muerto en el sitio.

En cuanto recuperé mi libertad me apresuré a visitar a la joven condesa en su casa. Con gran sorpresa y desesperación observé que la familia vivía en la miseria. Hasta el domingo no podían recuperar sus vestimentas de la tienda de empeño para poder ir a la iglesia. Así se explicaba que el conde no pudiese pagar el franqueo de su correspondencia y también, probablemente, el que su hija no llevase enagua. Vivían en tan lamentable y hasta antihigiénica estrechez, que no puede quedarme ahí mucho tiempo. Habrían de pasar muchos años hasta que volviese a ver a la joven condesa de Bonafede.

Tres o cuatro días después, llegó a Venecia el hombre que por la gracia de Dios, de la Santa Sede y de mi madre había sido nombrado Obispo de Matirano, el cual preparó las cosas para que lo siguiese a Roma, de donde lo acompañaría en su viaje a Matirano.

Se llevaron a cabo los preparativos necesarios para que fuese a Ancona con el embajador de Venecia, y pasé la breve noche antes de zarpar en los brazos de mis dos deliciosas esposas, quienes aquella vez no abrigaban esperanza ninguna de volverme a ver. Por mi parte, no podía prever lo que iba a pasar, porque me estaba entregando totalmente al destino y pensaba que era inútil andar haciendo cábalas sobre el porvenir. Así que la noche transcurrió entre alegría y tristeza, mezclándose nuestro más subido placer con abundantes lágrimas. Al decirles adiós, les devolví la llave que tan a menudo había abierto para mí el camino de la felicidad.

Este mi primer amor no me proporcionó experiencia ninguna del mundo, porque nuestras relaciones siempre fueron felices y jamás estuvieron perturbadas por disensión ninguna, ni empañadas por malas intenciones. Con frecuencia los tres sentíamos deseos de elevar nuestras almas a la eterna providencia de Dios para darle gracias por habernos preservado, merced a su particular protección, de todos los accidentes que hubiesen podido perturbar la dulce paz de que gozábamos.

La esclava griega

Con cincuenta resplandecientes sequines en mi faltriquera salí de Venecia, rebosante de alegría y sin nostalgia ninguna. Camino de Ancona, en Chiozza, me encontré con un joven doctor en Derecho que había sido compañero mío de estudios en Padua y con un fraile tuerto, llamado Corsini, a quien había conocido en Venecia. En compañía de ambos asistí a una "merendola al aire" organizada por la Academia Macaroni, cuyos glotones y letrados miembros componían versos en un dialecto privado suyo. Cuando leí un poema que había escrito para aquella ocasión y me engullí una enorme cantidad de macarrones, no sólo me eligieron miembro de la Academia, sino que me adjudicaron el título de príncipe.

En Chiozza me llevó Corsini a una casa de mala fama, donde, según me enteré más tarde, contraje una enfermedad. Luego me llevó a una hostería donde perdí todo mi dinero en una banca de faro y con lo único que me quedé fue con la ropa puesta. Aquel comienzo fue un mal augurio de mi viaje y sólo pude comer, en nuestro camino a Ancona, gracias a la amistad del fraile Stefano de Belun, de la orden de los Recoletos, porque aquel joven era un mendigo de lo más eficiente y llevaba una verdadera despensa ambulante bajo sus santos hábitos.

Cuando llegamos al viejo lazareto de Ancona se nos dijo que teníamos que quedar en cuarentena durante veintiocho días. Una quincena de reposo y dieta rigurosa me hicieron recobrar completamente de la molesta indisposición que me aquejaba y empecé a pasar el tiempo en la balconata, porque se me prohibió bajar al patio.

No tardé en ver a una muchacha de esplendorosa hermosura que me inspiró el más profundo interés. Tenía la costumbre de pasar todo el día en el patio bordando o leyendo algún libro. Era alta, esbelta y bastante joven. Tenía una tez muy clara y sus ojos y cabello eran negros. Llevaba indumentaria griega, lo cual le daba un aire de excitante voluptuosidad. Por lo visto era esclava de un viejo mercader turco.

¿Cómo iba a poder recrear mis ojos constantemente en aquella criatura encantadora sin enamorarme desesperadamente? Dejé caer una misiva en la que le decía que pensaba pasar la noche en un balcón con la esperanza de que se acercase a mí y escuchase mi voz. "Podemos hablar muy quedo", le escribí..., "y para que me oigáis podéis treparos a la punta de un montón de cajas de distintas mercancías que hay bajo mi balcón".

Ella asistió a la cita y yo me tumbé cuan largo era en el suelo, donde descubrí un boquete de unas seis pulgadas. Ella se subió a las cajas y con la cabeza llegaba a un pie del balcón. Nos pusimos a hablar de amor, de nuestros ardientes deseos, de los obstáculos y dificultades que nos cercaban y de artificios habilidosos. Cuando llegó la hora de separarnos, me prometió visitarme de aquella manera todas las noches. Pasó entonces la mano por el boquete y yo no podía dejar de besársela, porque me pareció que en mi vida había tocado una mano más suave y delicada. ¡Pero qué delicia cuando me pidió la mía! Inmediatamente la pasé por el agujero y ella la cubrió con besos hasta el codo, transportándome hasta el séptimo cielo. ¡Cuántas arrebatadoras libertades me aventuré a explorar con ella! Pero no tuvimos más remedio que separarnos por prudencia.

Puse a funcionar todo mi ingenio para procurarme la manera de disfrutar de un gozo más completo la noche siguiente, pero después de comer averigüé que la astucia femenina de mi hermosa amiga fue más fértil que la mía.

Se las arregló con los mozos de su amo para ordenar y volver a apilar las cajas de mercancía, de tal manera que quedase dos pies más alta. Como así podía acurrucarse bajo el piso del balcón, pedí prestadas unas tenazas y saqué los clavos que sujetaban una de las tablas del pavimento, de tal manera que pudiese levantarla cuando quisiese. Estuve esperando con apasionada impaciencia a que llegase la noche.

Aquella adorable mujer llegó a las doce en punto. Levanté la tarima y ella pasó por la abertura su cabeza y sus brazos. Si la noche anterior yo me había considerado dueño de su persona más que ella ahora la situación había cambiado totalmente. Su mano vagó libremente por todas las partes de mi cuerpo, pero yo no llegaba a donde quería. Maldijo ella entonces a los hombres que habían amontonado las cajas por no haberlas levantado un pie más. Nuestro placer quedó frustrado, pero seguimos divirtiéndonos, a pesar de todo, hasta los primeros resplandores de la aurora. Coloqué con todo cuidado la tabla en su sitio y me tiré en la cama porque tenía gran necesidad de recuperar energías.

Durante las noches siguientes mi adorado tormento me propuso que la comprase al turco y, cuando le dije que no disponía del dinero necesario, me llevó una bolsa llena de diamantes, cada uno de los cuales valía las dos mil piastras que pedía su amo. Estaba enamorado de aquella mujer, pero no podía aceptar los diamantes; le dije que jamás podía ser cómplice de un robo, a pesar de que me aseguraba que su amo no iba a caer en la cuenta y que, de advertir la falta, nunca se le ocurriría que hubiese sido ella.

Aquella fue nuestra última noche. Probablemente nunca íbamos a encontrarnos ya. La llama de la pasión nos consumía. Me propuso que la levantase en vilo por el boquete abierto. Me puse de pie, metí mis manos bajo sus brazos y la alcé hacia mí. Mis deseos estuvieron a punto de quedar satisfechos. Pero de repente sentí que dos manos me agarraban por los hombros y oí la voz de un centinela que me preguntó qué estaba haciendo.

Tuve que dejar caer a mi preciosa carga. Ella se precipitó hacia su aposento, mientras yo, presa de un acceso de rabia, me tiré de bruces en el piso del balcón y me quedé allí sin moverme, a pesar de los zarandeos de mi guardián, a quien sentí deseos de estrangular. Por fin me levanté del suelo y me fui a mi cuarto sin ocuparme del tablón.

Por la mañana el Gobernador nos comunicó que estábamos libres. Cuando, lleno de tristeza, salí del lazareto, pude ver a la esclava griega anegada en lágrimas.

Lucrecia

Me separé del hermano Stefano para ir en peregrinación de tres días al santuario de Nuestra Señora de Loreto, y una vez terminado mi viaje, alcancé a mi compañero que salió de Ancona dos horas después de mí, pero no caminó más de tres millas por día. Su holgazanería hizo que me separase de él.

El 6 de septiembre llegué a Roma y me presenté en la dirección que me habían indicado, pero el obispo no estaba ahí. Me fui al monasterio de los Mínimos y averigüé que había continuado su viaje a Maritano. No había órdenes ni fondos para mí y de pronto me encontré solo en una ciudad populosa y extraña, sin un amigo, con sólo ocho carlines en el bolso y sin saber qué hacer. Pero el destino me llamaba a Matirano. Después de todo, no había hasta allá más de trescientos largos kilómetros.

Como no logré convencer a ningún cochero de que el obispo le pagaría cuando terminase mi viaje, me decidí a recorrer a pie esa distancia, mendigando mi pitanza y durmiendo como se las arreglaba el muy reverendo hermano Stefano.

En la primera escala de mi viaje me encontré con un mercader griego de la Isla de Zante, quien me ofreció en venta cierta cantidad de moscatel y otros vinos finos y minerales, entre ellos cien quintales de mercurio. Mientras hablaba con aquel individuo me acordé de que había cierta amalgama de mercurio con plomo y bismuto que aumentaba el peso del primero en una cuarta parte. No le contesté nada, pero me quedé pensando que si el griego ignoraba aquello, podía redundar en provecho mío. Me pareció que no me compraría dicho secreto si se lo proponía sin más ni más, es decir, sin preparar el camino, así que recibí de él, a crédito, un frasco de mercurio, me marché a comprar dos libras y media de plomo y otro tanto de bismuto, volví luego a la hostería y preparé la amalgama. Después de obsequiarme con una cena suculenta, le dije la razón de haberle comprado el mercurio. Cuando vio que yo era capaz de aumentar en una cuarta parte su peso y vender el exceso al droguero, se quedó pasmado de mi habilidad para hacer dinero, hasta el extremo de que me dio cincuenta onzas de oro como pago al contado por el secreto, comprometiéndose a entregarme un total de dos mil. Sin embargo, después de intentar por sí mismo elaborar la amalgama, me manifestó que el resultado era imperfecto, y tras muchos dares y tomares, convinimos en que me daría otras cincuenta onzas de oro, un barril de moscatel en su casa de Nápoles y un espléndido estuche con doce navajas de mango de plata.

Compré ropa interior y otros objetos personales que necesitaba y me fui a Cosenza, recorriendo las ciento cuarenta y dos millas que había hasta allá en veintidós horas. Desde ahí seguí hasta Maritano en un pequeño carruaje que alquilé.

Encontré al obispo Bernardo de Bernardis sentado en un sillón duro y escribiendo sobre una vieja mesa. La casa era grande, pero estaba mal construida y su conservación y apariencia dejaba mucho que desear. Si el mobiliario era escaso, más lo eran sus ingresos. El cabildo catedral era un hato de brutos, según parecía, y la congregación estaba integrada por mujeres feas y hombres estúpidos y ordinarios. Cuando volví a la casa del obispo, después de los servicios del domingo, le manifesté que no me hacía mucha gracia la perspectiva de morir al cabo de unos cuantos meses como un mártir en aquella miserable ciudad.

Se lamentó de haberme animado a que le siguiese y prometió darme sesenta ducados del reino de Nápoles para que pudiese regresar a Venecia. Yo le regalé el estuche de navajas finas que el griego me había entregado. A las sesenta horas de haber llegado a Matirano salí de ahí, compadeciéndome del pobre obispo, a quien dejaba deshecho en llanto mientras me daba con ánimo decaído su bendición.

Me detuve en Cosenza, en mi viaje de vuelta, y el Arzobispo me trató con todo género de consideraciones. Llegué a Nápoles el dieciséis de septiembre de 1743.

Sólo encontré amigos en aquella sencilla ciudad meridional, donde me sonrió la fortuna. Conocí ahí a don Antonio Casanova, y hablando de nuestros antepasados, llegamos a la conclusión de que éramos primos. Él insistió en hospedarme en su casa y presentarme a su sastre, y salí de ahí con un buen guardarropa y cartas de presentación para personajes que ocupaban altos puestos en Roma.

En la galera que iba a Roma hice relaciones con un abogado llamado Francesco Castelli, hombre simpático de edad madura, con su esposa, hermosa dama romana llamada Lucrecia, y con su hermana Angélica, quien se iba a casar con un romano empleado de banco. Durante aquel largo viaje de seis días el tiempo se me pasó volando, porque me hechizó el encanto de la hermosa Lucrecia. Generalmente no había más que una dependencia para los viajeros en las posadas donde nos deteníamos, y en ella a veces estaban preparadas dos o tres camas. Como nos vestíamos, desnudábamos y dormíamos en la misma habitación, era inevitable que se fuera creando cierto sentimiento de intimidad.

En Marino, aunque la ciudad estaba llena de tropas, dispusimos de dos pequeñas recámaras y una buena cena. Mi bella Lucrecia empezaba ya a devolverme las miradas disimuladas de afecto que le dirigía y fui abrigando esperanzas de llegar a otro tipo de escarceos sin que me rechazase. Aquella noche compartí la cama en una de las dos habitaciones con el abogado, mientras las mujeres dormían en la de la antesala. Cuando mi compañero quedó profundamente dormido y roncaba como un bendito, intenté deslizarme de la cama, pero resultó que ésta rechinaba tan escandalosamente que era capaz de despertar a los muertos, por lo que no me quedó más remedio que desistir de mi intento.

Estaba ya casi dormido cuando de repente me sobresaltó un estrépito tremendo. Había disparos de armas de fuego en la calle y la gente, gritando y vociferando, subía y bajaba las escaleras. Finalmente alguien pegó un fuerte aldabonazo en nuestra puerta. El abogado, que se despertó asustado, me preguntó qué sería aquello. Yo hice como que todo me importaba un ardite y le supliqué que me dejase dormir; pero las damas estaban temblando de miedo y pedían en voz alta que encendiésemos una luz. Yo me quedé callado y no me moví. El abogado saltó del lecho y salió corriendo de la habitación en busca de una vela. Entonces me levanté yo también y lo seguí hasta la puerta, pero la cerré tan fuerte que saltó el doble muelle de la cerradura y no podía abrirse de nuevo, si no era con una llave.

Me acerqué a las mujeres para calmar su ansiedad, diciéndoles que el abogado regresaría enseguida con una candela y entonces sabríamos a qué se había debido el alboroto. Pero no era cosa de perder el tiempo y, mientras hablaba puse manos a la obra. Me encontré con poca resistencia y, apoyándome un poco pesadamente sobre mi preferida, forcé el sostén de la cama y, de pronto, nos encontramos todos, las dos mujeres y yo, hechos un ovillo en el suelo.

En esto, el abogado volvió y llamó a la puerta. La hermana se levantó, pero yo obedecí las súplicas de mi encantadora amiga y, a tientas, llegué antes a la puerta y dije al abogado que no podía abrirla y que debía ir a buscar la llave. Las dos hermanas estaban detrás de mí. Alargué la mano, pero me rechazaron y yo supuse que me había equivocado de piso. Entonces la extendí al otro lado, y ahí fui mejor recibido. Pero el marido estaba de vuelta, el ruido de la llave en la cerradura anunció que la puerta estaba para abrirse, y nos metimos en nuestras respectivas camas.

El abogado, palmatoria en mano, se precipitó hacia el lecho de los dos amedrentadas damas con el propósito de tranquilizarlas, pero, al verlas hundidas en su desvencijado catre, soltó una sonora carcajada. Me llamó para que contemplase aquel desorden, pero yo me sentí muy avergonzado y decliné la invitación.

Entonces nos refirió que la alarma se debió a que, sin más ni más, un destacamento alemán atacó por sorpresa a las tropas españolas acantonadas en la ciudad. Al cabo de un cuarto de hora se restableció la calma. El abogado encomió mi presencia de ánimo y se metió en la cama. En cuanto a mí, tuve gran cuidado en no cerrar los ojos y, tan pronto como vi los primeros resplandores del día, me levanté para cambiarme de camisa y hacer algo que tenía que hacer.

Mientras almorzábamos me pareció que Angélica, su hermana, me miraba con ceño, pero no quise hacerle caso al ver el semblante regocijado y feliz de mi adorada Lucrecia, que me miraba picarescamente con gesto de aprobación. Experimenté entonces una sensación de delicia que recorrió todo mi cuerpo.

Llegamos muy pronto a Roma y me despedí de mis compañeros de viaje. Por no desdeñar a Angélica y con objeto de hacerla cambiar de actitud, le dediqué tantos galanteos y cumplidos que se sintió dispuesta a perdonar en silencio la caída de la cama.

Ya en roma, con un buen guardarropa, abastecido de dinero y provisto de cartas de presentación para personajes influyentes, empecé por entregar una carta al padre Georgi, fraile letrado e influyente. Cuando le dije que además llevaba otra misiva para el cardenal Acquaviva me dijo:

—Os felicito. La influencia del cardenal es todavía mayor que la del Papa.

Y me recomendó que me presentase al día siguiente, prometiéndome que aquella misma tarde iba a ver al cardenal para preparar mi visita.

Al día siguiente me recibió el cardenal Acquaviva con todo género de atenciones y me puso en manos del abate Gama, el cual me informó que me iban a nombrar secretario del cardenal, con el sueldo de veinte coronas romanas al mes, disponiendo para mí de un departamento en el mismo palacio del cardenal, y sometiéndome a la instrucción de M. Delacqua, quien me enseñaría el francés en el término más breve posible.

En los cafés, en la residencia de la madre de la hermosa Lucrecia y en las habitaciones de Su Eminencia, el cardenal, aprendí a conducirme con elegancia. Como los jueves de octubre eran días festivos en Roma el año 1743, uno de ellos alquilé un carruaje para dos y me reuní con el abogado y su familia para celebrar una merienda campestre en Testaccio. Cuando nos disponíamos a regresar, el bueno del marido, que a guisa de broma me había acusado de estar enamorado de su mujer, creyó que era un chiste el arreglar las cosas para que yo regresase a solas con su mujer a Roma. Conscientes de que sólo disponíamos de media hora aprovechamos vorazmente cada instante.

Cuando me acuerdo de aquello, me parece totalmente increíble, porque no era posible devorar así el tiempo, y los caballos que nos habían traído eran tan matalones como los de cualquier coche de alquiler.

Una semana después, el domingo fiesta de Santa Úrsula, organicé una excursión con la familia Frascati, a un lugar que estaba a dos horas de Roma. Logré pasar mucho tiempo a solas con mi Lucrecia, mientras recorríamos los paseos laberínticos de la Villa Aldobrandini. Me pareció como si viese a mi Lucrecia por primera vez y como si un instinto natural nos llevase certeramente hacia un escondite solitario que la mano del dios del amor hubiese preparado con objeto de que en él se celebrasen los misterios de su culto secreto.

Allí, en medio de una gran avenida, y bajo un pabellón de espeso follaje, encontramos un ancho diván de césped sombreado por las frondas de un denso bosquecillo. Desde aquel paraje nuestros ojos podían dominar una inmensa llanura y divisar un espacio tan amplio, a derecha e izquierda de la avenida, que estábamos totalmente a salvo de cualquier sorpresa. No necesitamos cambiar una sola palabra en cuanto vimos aquel hermoso templo, tan propicio para nuestro amor. Nuestros corazones hablaban el mismo lenguaje.

Sin pronunciar una palabra, nuestras ágiles manos descartaron inmediatamente todos los obstáculos y quedaron expuestas en su estado natural todas las bellezas que normalmente están veladas por engorrosas vestimentas. Dos horas enteras estuvimos consagrados al éxtasis del amor. Por fin exclamamos al unísono:

—¡Gracias te damos, oh Amor!

A solas en mi carruaje, durante las dos horas de viaje hasta llegar a la ciudad, seguimos abusando de la naturaleza, exigiéndole más de lo que era capaz de dar de sí. Cuando nos acercábamos a Roma, dejamos caer la cortina para el desenlace del drama que, tan a satisfacción de los dos personajes, habíamos venido representando.

Por aquella temporada atravesaba yo todos los días la plaza desde el palacio del cardenal hasta la casa de M. Delacqua, donde perseveré en el estudio del francés, que seguía estudiando con él y, cuando estaba enfermo, con su encantadora y joven hija Bárbara. Había además otro estudiante, un joven de buena presencia que la cortejaba, pero al poco tiempo dejó de acudir. Un día me lo encontré en la calle, me dijo que había estado enamorado de la muchacha durante los últimos seis meses, pero que lo habían arrojado de la casa cuando un criado los descubrió juntos y se lo fue a contar a su padre. El duelo de aquellas dos criaturas me conmovió de tal manera que, a pesar de las amonestaciones del padre Georgi y del abate Gama en el sentido de que obrase con suma prudencia, no pude menos de prestarme a hacer de mensajero entre ambos durante un breve espacio de tiempo. Luego Delacqua tomó un nuevo criado, de cuya ayuda se apresuraron a aprovecharse. Sin embargo, mi gesto sentimental iba a ser contraproducente.

Pero antes, el prometido de Angélica, don Francisco, empleado del Banco del Espíritu Santo, vino a visitarme con don Francesco, el jovial esposo de Lucrecia, para invitarme a hacer una visita a Tívoli, donde había comprado una villa en vísperas de contraer matrimonio, para pasar ahí una noche.

Era aquella una casita deliciosa, y aproveché la oportunidad que se me presentaba para prometer a Angélica que, después de su boda, me consideraría feliz de pasar unos cuantos días con ella al llegar la primavera.

—Caballero, me contestó, tengo el honor de comunicaros que en el momento en que sea esposa, vos seréis la primera persona que no podrá entrar aquí.

—Os agradezco, señora, finamente, la discreta advertencia.

Pero lo más divertido del asunto era que me encontré profundamente sorprendido, porque interpreté el insulto afrentoso de Angélica como una declaración de amor. Lucrecia estaba muy curiosa por saber qué mosca me había picado. Se lo expliqué y ella repuso:

—Pronto terminará nuestra estancia en Roma. Cuando me haya ido, conságrate a la tarea de impulsar a Angélica a que reconozca su equivocación. Me tiene lástima. Procura vengarme.

Pasando revista a la villa, se me ocurrió alabar una linda habitación que iba a dar sobre un naranjal, y mi hospitalario huésped, al oírme hablar, me dijo que aquella era precisamente la alcoba que estaba destinada para mí. Lucrecia hizo como que no oía, pero después de una suculenta cena, cuando lo que más estaba deseando todo el mundo era gozar de un mullido lecho y acostarse cuando le viniera en gana, averigüé que a ella y a Angélica les habían señalado la habitación contigua a la mía. Don Francisco me acompañó a mi recámara y, después de indicarme cómo debía cerrar la puerta, me deseó una noche placentera y me dejó solo. Angélica no sabía que iba a ser su vecino, pero Lucrecia y yo, aunque no nos dijimos una sola palabra al respecto, sabíamos de antemano lo que iba a suceder.

Confieso que fisgué por el ojo de la cerradura y vi a las dos hermanas mientras terminaban de arreglarse para pasar la noche, arreglos que, en aquel bienaventurado clima, son por el estilo de la indumentaria de Eva. Lucrecia, que sabía que andaba yo esperando poder entrar, recomendó a su hermana que se acostase del lado de la ventana, y la doncella, que no tenía idea de que estaba exponiendo sus más secretos encantos a mis ojos profanos, cruzó la alcoba en la más absoluta desnudez. Lucrecia apagó la vela y se acostó al lado de su inocente hermana.

¡Qué venturosos aquellos momentos que ya no puedo volver a gozar, pero cuya dulce añoranza sólo la muerte disipará! No creo que me haya desnudado en la vida con mayor rapidez que aquella noche.

Abrí la puerta y caí en los brazos de mi Lucrecia, quien dijo a su hermana:

—Es mi ángel, mi amor. No te preocupes por él y duérmete.

Los primeros rayos del sol que se filtraron por los resquicios de los cuarterones nos despertaron de nuestro sueño reparador y, como dos valerosos caballeros que cesasen de batirse para reanudar enseguida su duelo, con ardor creciente, no perdimos tiempo en entregarnos a la intensidad del fuego que nos consumía.

—¡Oh, mi adorada Lucrecia! ¡Qué soberanamente feliz soy! Pero, amor mío, ten cuidado con tu hermana, porque puede darse la vuelta y vernos.

—No temas, vida. Mi hermanita es muy buena, me quiere mucho y me comprende perfectamente. ¿No es verdad que me quieres, amada Angélica?. Oh, vuélvete, mira lo feliz que es tu hermana y observa el placer que te espera cuando tú también conozcas la conquista del amor.

Angélica, doncellita de sólo diecisiete años, que debió haber sufrido los tormentos de los condenados durante horas y horas, y que sólo deseaba cualquier pretexto para demostrar a su hermana que la había perdonado, se dio la vuelta y, cubriéndola de besos, confesó que no había cerrado los ojos en toda la noche.

—Entonces, mi querida Angélica, perdona de igual manera a quien me ama y a quien yo adoro —replicó Lucrecia.

—Angélica me aborrece —dije yo—, no me atrevo a...

—No, no te aborrezco —repuso la encantadora niña.

—Bésalo, querida hermana —le dijo Lucrecia, empujándome hacia ella, sonriendo encantada de verla en mis brazos, inmóvil y lánguida.

Pero un sentimiento muy distinto al amor me impidió privar a Lucrecia de la prueba de mi agradecimiento y me volví hacia ella con el ímpetu de un principiante, notando que el éxtasis de Angélica daba más bríos a mi ardor, puesto que por primera vez contemplaba el amoroso encuentro. Lucrecia, que se moría de delicia, me suplicó que me detuviera, pero, como yo no estaba dispuesto a atender su súplica, me hizo una trampa y la dulce Angélica ofreció su primer sacrificio a la madre del amor.

Lucrecia, encantada y alborozada, nos cubrió a ambos de besos. Angélica, tan venturosa como su hermana, expiró tras veces de delicia en mis brazos y me secundó con tan inextinguible ardor que me pareció que estaba gustando la felicidad por primera vez.

Por fin el sol que se filtraba por los cerrados cuarterones me avisó que debía abandonar aquel lugar. Nos dimos el adiós más amoroso. Dejé a mis dos divinidades y me retiré a mi habitación. Minutos después oí la voz cariñosa del abogado en la recámara de las hermanas. Les estaba reprochando el haber dormido tanto. Después llamó a mi puerta y me amenazó con traerme a las mujeres, si no me tiraba de la cama.

Después de numerosas abluciones y de un aseo cuidadoso, creí que podía comparecer en público y me presenté en el salón de la tertulia. Allí estaban las dos hermanitas con otros miembros de la familia, y yo me sentí encantado de ver sus rosadas mejillas. Lucrecia parecía risueña y alegre, e irradiaba felicidad. Angélica, más fresca que el rocío matutino, se mostraba también más esplendorosa que nunca, pero vi que tamborileaba nerviosamente con los dedos y ponía mucho cuidado en no mirarme a la cara.

Después del desayuno, haciéndome el encontradizo con Lucrecia, discutí cariñosamente con ella por haber lanzado casi a su hermana a mis brazos.

—No me riñas cuando merezco alabanzas —repuso—. He llevado la luz a las tinieblas del alma de mi querida hermana, la he iniciado en los inefables misterios, y ahora, en lugar de tenerme lástima, va a amarte apasionadamente; y ya que soy tan desventurada que tengo que dejarte muy pronto, te la confío, amado mío. Ella me sustituirá.

Teresa

Lucrecia marchó con su marido a Nápoles, pero Angélica no la sustituyó. En realidad ni siquiera me invitó a su boda, pero yo estaba haciendo amigos entre las altas esferas y me proponía desarrollar una brillante carrera en la Iglesia. Todo el mundo comentaba mi buena suerte, pero en el preciso momento en que el Papa y el cardenal Acquaviva estaban pensando en otorgarme un puesto de verdadera responsabilidad, la fortuna me volvió la espalda.

Quedé complicado en el emarañado destino de Bárbara Delacqua y de su amante, cuando ella advirtió que estaba embarazada, por lo que él tomó una habitación en la casa contigua a la suya, la rescató y la vistió de abate para escaparse ambos a Nápoles. Pero, ¡ay!, los soldados enviados por sus padres los descubrieron y capturaron al hombre y a su criado, pensando que era Bárbara. Ella escapó, gracias a que se inclinó y se puso a atar un zapato. Como la pobre mujer no tenía dónde esconderse y estaba dispuesta a matarse antes que volver a la casa de su padre, el falso sacerdote se coló por las puertas del palacio del cardenal y llegó hasta mi apartamento.

Le rogué que saliese de mi habitación, explicándole que si descubrían su presencia nos arruinarían para siempre. Ella rompió a llorar amargamente y se desplomó en el suelo. Le quité el alzacuello, le desaté el corsé y le eché agua fría en la cara, con lo que recobró el conocimiento. Entonces la acosté en la cama.

Cuando despertó, en la mañana, se me ocurrió que la mejor opción era que Bárbara escribiese una carta al cardenal Acquaviva, narrándole su historia y confiándose a su misericordia. Ella personalmente fue a sus dependencias y se la entregó a un guardia. Aquel gesto audaz dio resultado. Fue llevada ante su presencia, ella le refirió toda la historia, a excepción de que me conocía y había pasado la noche en mis habitaciones; el cardenal, entonces, la tomó bajo su protección. Yo me sentía completamente feliz, pero pronto corrió por toda Roma el rumor de que su fuga había sido cosa mía.

Cuando protesté ante el padre Georgi aparentó creerme, pero me dijo que la gente de Roma no deseaba conocer las cosas tal como eran en realidad, sino como quería que fuesen.

—La calumnia anda suelta a los cuatro vientos por la Ciudad Santa. El que seáis inocente o no es indiferente.

A los pocos días me llamó el cardenal para decirme que, a pesar de que él no creía en rumores, por decoro y pruden-

"En cuanto logramos estar solos, ella se arrojó a mis brazos..."

cia era necesario que abandonase el servicio y me marchase de Roma lo antes posible, diciéndome que yo señalase el país al que deseaba dirigirme. En mi desesperación no se me ocurrió otro nombre que el de Constantinopla.

Aquello le pareció un poco exagerado al cardenal, pero accedió a darme un pasaporte para Venecia y una carta sellada dirigida a Osman Bonneval, general apóstata de Francia que era Pashá de Carcomania en Constantinopla.

En mi camino me detuve en Ancona, donde me presentaron a una familia de cómicos de Bolonia. La madre era una mujer parlanchina que vivía de los talentos de sus hijos. Uno de ellos, llamado Bellino, era un muchacho notablemente atractivo que tendría unos diecisiete años. Le supuse eunuco, porque era uno de los que interpretaba los papeles de *prima donna* en los teatros de los Estados Pontificios, donde no se permitía que salieran mujeres a escena, por considerarlo una tentación.

Bellino cantaba con voz de ángel y de vez en cuando me dirigía miradas que parecían amorosas. Yo estaba seguro de que el tal Bellino era una muchacha disfrazada, y dando rienda suelta a mi desenfrenada imaginación me enamoré locamente, por lo que no tenía más en el pensamiento que averiguar el verdadero sexo de Bellino, lo que traté de indagar por medio de su hermana Cecilia, pero ella me aseguró que nunca lo había visto sin ropa.

Durante el día siguiente seguí preguntando constantemente, pero ella eludía el asunto. Dimos un paseo por el muelle y visitamos diversos barcos. El último era un bajel turco, donde la primera persona que encontré a bordo fue precisamente la bella esclava griega que había conocido en el lazareto. En cuanto logramos estar solos, ella se arrojó en mis brazos y yo adopté la postura más conveniente para realizar en un instante lo que su viejo amo no había hecho en cinco años. No había llegado todavía al ápice de mis deseos, cuando la muchacha, que lo escuchó venir, se arrancó de mis brazos con un profundo suspiro y, colocándose sagazmente delante de mí, me dio tiempo para reparar el desorden de mi ropa. En esta curiosa situación me divirtió mucho el susto de Bellino, que había sido testigo de todo ese asunto y que manifestaba mucho nerviosismo.

Yo pretendí acercarme a Bellino para preguntarle de una vez la verdad sobre su sexo; pero en eso se acercó a mí la otra hermana, llamada Marina, con un semblante decaído y me hizo saber que se sentía desdeñada, pues ella sabía que yo había pasado la noche anterior con su hermana Cecilia.

Aquella noche, Marina me llevó a su habitación, después de cerrar con llave la puerta, se volvió hacia mí y sus ojos irradiaban pasión y deseo. Estaba mejor formada que Cecilia, aunque era un año más joven y parecía impaciente por convencerme de su superioridad. Pero creyendo que la fatiga de la noche anterior había menguado mis fuerzas, dio rienda suelta a todas sus ideas amorosas, explicándome prolijamente y con la charla alocada y casi infantil de su edad cuanto sabía del gran misterio que iba a celebrar conmigo, y refiriéndose a todos los artilugios que había puesto en juego para adquirir su imperfecto conocimiento sobre aquellas cosas. Sin embargo, aquella noche me vi precisado a admitir que en efecto era superior a su hermana.

La noche siguiente se sirvió una espléndida cena, y Bellino acudió a ella vestido de mujer, bien por capricho o bien por gusto, y de tal manera oscureció a sus hermanas y mis dudas quedaron desvanecidas. En algún momento yo traté de satisfacer mi curiosidad por procedimientos amables, pero yendo en línea recta al punto en que el misterio quedaría develado; avancé la mano, pero de pronto me asaltó la idea de que realmente podía ser hombre, y la retiré horrorizado, y al mismo tiempo avergonzado, por lo que le susurré al oído que al día siguiente podía ir en mi compañía a Rimini sin temor alguno, porque no habrían indiscreciones de mi parte.

En efecto, al día siguiente salí con él de Ancona, distraído por las lágrimas de las dos deliciosas hermanitas y cargado de las bendiciones de su madre, quien, rosario en mano, musitaba un padrenuestro o repetía machaconamente: "Dios proveerá".

No llevaríamos más de un cuarto de hora de camino, cuando de nuevo me asaltó la curiosidad sobre Bellino. Le dije que tenía todos los rasgos de una mujer, que su busto era digno de la misma Venus y que al sonido de su voz y cada uno de sus movimientos me indicaban que no pertenecía a mi sexo.

—Déjame que lo vea con mis propios ojos y, si mis sospechas son certeras, puedes fiarte de mi fiel amor; si, por el contrario, estoy equivocado, te presentaré toda clase de excusas y te expresaré la seguridad de mi amistad. Si me rechazas, me seguiré inclinando a creer que estás divirtiéndote cruelmente a costa de mi incertidumbre.

Al escuchar esto, Bellino propuso que saliésemos del carruaje e inmediatamente rompió a llorar. Al cabo de un rato me dijo:

—Escúchame, si fuese una mujer, creo que no podría dejar de quererte, pero como soy hombre, es mi obligación no satisfacer tus deseos, porque tu pasión, que ahora es natural, se convertiría en algo monstruoso. Tu temperamento ardiente sería más fuerte que tu razón y ésta acudiría fácilmente a la ayuda de tus sentidos y de tu temperamento. La revelación violenta del misterio, si la consiguieras, te despojaría de todo dominio sobre ti mismo. ¿Podrías, a pesar de lo inteligente que eres, blasonar de dejar de amarme de repente al averiguar que era hombre?

¿Qué podría decir yo? No tuve más remedio que retirarme a mi rincón en el coche.

Llegamos a Sinigaglia bien entrada la noche y nos dirigimos a la mejor hostería, donde pedí la cena después de escoger una habitación cómoda. No había más que una cama, y pregunté a Bellino, en el tomo más indiferente que pude, si quería que pidiéramos otra habitación. Pero él contestó que no tenía inconveniente en dormir en la misma cama. Creí que estaba cerca del desenlace de aquel conflicto sentimental, pero no me quise felicitar, porque no sabía si el final iba a ser agradable o no.

En la cena nos sentamos uno enfrente del otro y todo lo que hizo durante ella parecía indicio de que ya se había cansado de desempeñar su papel. En cuanto nos separamos de la mesa se desnudó y se metió en la cama.

No hay pluma capaz de describir toda la pasión que aquella criatura me tenía reservada. Se acercó a mí en cuanto me acosté, y sin decirnos una sola palabra se unieron nuestros labios y me encontré de pronto en un éxtasis de delicias. Yo no podía apartar de mis ojos aquel hermoso semblante, arrebolado por la fuerza del amor.

Después de un momento de silencio, se encendió en nuestras venas la chispa de un nuevo incendio que anegamos en un piélago de repetidos arrobos. La felicidad que le proporcionaba duplicaba la mía, porque siempre fue mi debilidad recibir tanto gozo por la ventura que producía en mi encantadora pareja, como por la que experimentaba yo mismo.

Fue entonces que tomamos un receso y Bellino comenzó a contarme su historia:

En realidad me llamo Teresa. Mi padre alquiló en su casa de Bolonia un aposento a Salimberi, afamado músico eunuco. Él me amó a su manera y desde que tenía doce años me enseñó canto y clavicordio. Al mismo tiempo costeaba la educación de un muchacho de mi edad que estaba estudiando en Rimini. Cuando tuvo que marchar a Roma me llevó consigo con la intención de hospedarme en la misma casa de su protegido. Allí se encontró con que el chico, que se llamaba Bellino, había muerto. Para poder quedarme con Salimberi tomé el nombre del muchacho y asumí su identidad. Como te habrás supuesto, era hijo de la familia con quien me encontraste. Mientras estaba en el

Tirol murió Salimbieri y yo continué con el mismo disfraz para ganarme la vida, puesto que, como sabes, no se permiten mujeres en los teatros de los Estados Pontificios.

Habiendo escuchado con gran emoción su historia, le pedí que rompiera su compromiso en Rimini y que viniera a Venecia conmigo como mujer, adoptando otro nombre.

—Acepto, tu voluntad será siempre mi ley. Soy ahora dueña de mí misma y me doy a ti sin reservas. Mi corazón te pertenece y espero poder seguir mandando en el tuyo.

Estábamos tan entusiasmados con el descubrimiento que hicimos cada uno del otro que no abandonamos el lecho hasta la mañana del segundo día. Decidí casarme con Teresa, pero antes de decírselo quise estudiar su corazón y sus pensamientos. Cuando le expuse mis verdaderas circunstancias y le dije que no era rico, aunque derrochaba mi dinero de aquella manera, me propuso que fuésemos a Venecia, donde con su talento podría ganar lo suficiente para vivir ambos con comodidad.

Resolvimos casarnos en cuanto llegásemos a Bolonia. Después de desayunar en Pesaro y cuando nos disponíamos a partir, los soldados del servicio nos pidieron los pasaportes. Teresa les presentó el suyo pero yo busqué en vano el mío. ¡No pude encontrarlo!

Después de media hora, el cabo dijo al falso Bellino que podía continuar su viaje, pero a mí me hizo acompañarlo a la oficina de su superior militar. A pesar de que declaré que era secretario del cardenal Acquaviva y le enseñé la carta que llevaba para Osman Bonneval, me condujeron ante el general de Gages. Quien me aseguró que me mantendría en arresto hasta que no recibiera el pasaporte, por lo que ahí mismo escribía una carta al cardenal, solicitándole una reposición del documento. Después me despedí de mi querida Teresa, entregándole cien sequines e indicándole que siguiese hasta Rimini y me esperase ahí.

Me llevaron al torreón de la Puerta de Santa María y me pusieron en una celda miserable. Afortunadamente, al siguiente día fue relavada la guardia del torreón, y se me consignó a un oficial francés que fue mucho más benigno en su trato conmigo.

A los nueve o diez días todo mundo me conocía y sentía simpatía por mí, gracias a lo cual podía pasear por donde quisiera. A las primeras horas de la mañana de uno de esos días llegó un oficial que descabalgó de su montura, dejó la brida sobre el cuello del animal y se marchó. Extrañado por la docilidad del caballo, me acerqué a él y con toda naturalidad lo monté. Era la primera vez en mi vida que me veía a lomos de una cabalgadura. No sé si toqué su flanco con mi bastón o con mis talones, pero el caso es que el caballo arrancó de pronto a toda velocidad hacia las líneas enemigas. Se me estaba saliendo un pie del estribo, por lo que apreté más al caballo con los talones, quien, al sentir la presión soltó el galope cada vez más. En el puesto más avanzado los centinelas me ordenaron parar, pero yo no sabía cómo frenar al caballo y pasé a toda velocidad. Por fin, cuando llegué a las primeras líneas del frente enemigo, el caballo se detuvo y pude bajar de su lomo.

Un oficial de los húsares austriacos me preguntó cómo era que llegué galopando tan aprisa y yo, sin pensarlo, le dije que quería ser conducido ante el príncipe Lobkowitz, su comandante en jefe. Me llevaron a Bolonia. Referí ingenuamente al jefe lo que había pasado y él rompió a reír, dejándome en libertad. Los austriacos confiscaron el caballo, que fue un precio escaso para lo grave de la aventura, especialmente no siendo mío.

Mientras estaba en aquella ciudad se me ocurrió que ya no podía seguir la carrera eclesiástica, especialmente si quería casarme con Teresa. En un estado de gran incertidumbre sobre la profesión que debía elegir, pensé que lo mejor sería convertirme en oficial del ejército.

Así que decidí destinarme a mí mismo como oficial uniformado de un ejército de mi propia invención. Encontré un buen sastre, le expliqué cómo debía ser mi indumentaria, escogí la tela, me planté para que me tomase las medidas, y al día siguiente estaba transformado en un discípulo de Marte. Me compré una larga espada y, con mi elegante bastón en la mano, un buen cepillado sombrero en la cabeza, ornamentado con una escarapela negra y con una gran coleta falsa colgándome sobre la espalda, salí ufano a que me contemplase Bolonia.

Mi uniforme era blanco, la casaca azul y llevaba, cruzándome al hombre, un cordón de oro y plata, y al cinto un tahalí del mismo género para la espada. Satisfecho de mi arrogante apariencia me metí en los cafés más de moda de la ciudad y me senté a tomar chocolate, leyendo las gacetas y periódicos. Observé que todo el mundo estaba confuso, sin saber qué pensar de mí. Cuando me cansé de la pública admiración de la gente del café me eché a andar por las calles más céntricas de la ciudad, después de lo cual regresé al mesón, donde cené solo.

Al cuarto día de mi estancia en Bolonia, recibí por correo expreso una larga carta de Teresa, donde me decía que había sido presentada al duque de Castropignano, el cual, después de oírla cantar, le ofreció mil onzas al año con todos los gastos pagados, si aceptaba un contrato como *prima donna* en el Teatro de San Carlos de Nápoles. Ella quería que la acompañase yo allá, pero si ponía alguna dificultad a radicar en aquella ciudad, estaba dispuesta a rechazar aquella ventajosa oferta, porque su única felicidad consistía en complacerme en todas las cosas. Aquello me dejó estupefacto, pues por primera vez en mi vida tenía la necesidad de reflexionar a fondo antes de decidirme.

Tenía dos motivos de igual peso que equilibraban los platillos de la balanza: el amor a mí mismo y el amor a Teresa. Estaba locamente enamorado de ella, pero ¿cómo podía yo volver a aparecer en Nápoles, donde tenía amigos tan distinguidos, como un cobarde que vivía a expensas de su amante o de su mujer? Si me vinculaba a su brillante carrera, lo mismo en calidad de amante que de marido, me sentiría rebajado.

Se me ocurrió una estrategia que me pareció excelente, porque me permitía ganar tiempo. Le escribí aconsejándole que aceptase el ofrecimiento y me esperase en julio, fecha en que me reuniría con ella, después de mi regreso de Constantinopla.

Escribí al puesto de guardia de Pesaro y les pagué el caballo en el que sin querer me había fugado. Poco después me enviaron mi baúl y el nuevo pasaporte, con lo cual pude salir de Bolonia hacia Venecia. Durante el viaje, mi nuevo uniforme y el rango que había escogido voluntariamente en la vida social me abrieron todas las puertas. La tarde del día en que cumplía mis diecinueve años entraba en Venecia.

Al visitar la oficina de la guerra me encontré con mi buen amigo el comandante Pelodoro. Me aconsejó, si deseaba ir a Constantinopla, alistarme en el ejército veneciano y hasta preparó las cosas para que comprase, por cien sequines, la comisión de un joven teniente enfermo. Se me otorgó el grado de abanderado en el regimiento de Bala, que entonces estaba destacado en Corfú. Otros amigos se ocuparon de mi pasaje a la capital turca, presentándome al caballero Vénier, que era el embajador de Venecia, el cual pensaba hacer escala en Corfú, de viaje a Constantinopla.

Mi viaje a Corfú fue perturbado por un terrible huracán que sobrecogió de pavor a los marineros. Yo traté de reanimarlos para que no abandonasen sus faenas, pero no conseguí más que convertirme en el blanco de las iras del ignorante y supersticioso capellán de la embarcación, quien me llamó ateo y proclamó que la tormenta no se apaciguaría mientras estuviese yo a bordo. Irritado por aquellas palabras, uno de los marineros se dispuso a poner en obra los deseos del sacerdote y, aprovechándose de un descuido mío, se me tiró encima cuando estaba yo al extremo del castillo de proa, y fue tan fuerte la embestida que salí disparado por la borda. Hubiese perecido irremediablemente de no ser porque la punta aguzada del ancla que pendía del costado de la nave me impidió caer al mar al engancharse mi ropa en ella. Acudieron en mi auxilio algunos hombres y salí con vida.

Durante el mes que pasé en Corfú, esperando por M. Vénier, me jugué y perdí todo el dinero que tenía. Me alegré de ver al caballero, porque me consiguió seis meses de licencia para que pudiese acompañarlo a Constantinopla en calidad de ayudante.

Llegamos a los Dardanelos a los ocho o diez días. Las gabarras turcas nos esperaban para llevarnos a Constantinopla. La vista que presenta la ciudad a la distancia de una legua es verdaderamente maravillosa y no creo que en ninguna parte del mundo se ofrezca a los ojos un panorama igual.

Presenté mi cara a Osman Pashá de Caraminia, nombre que había adoptado el conde Bonneval cuando se puso el turbante. Él me presentó algunos de sus amigos turcos y no tardé en estar en buenas relaciones con ellos. Uno de los que se portó mejor conmigo era un hombre culto y educado de sesenta años llamado Yusuf Alí. Celebramos en su casa muchas conversaciones de carácter intelectual y discutimos las creencias de nuestros credos y filosofías religiosas. Él tenía dos hijos que ya habían recibido sus respectivas herencias y una hija joven, llamada Zelmi, que me había estado mirando a través de una celosía oculta cada vez que había ido a visitar a su padre; éste me ofreció su mano si me comprometía a pasar un año aprendiendo el turco y me convertía al mahometanismo, quedándome a vivir en Constantinopla, con lo que recibiría el resto de su fortuna.

Aunque me dio tiempo suficiente para meditar mi decisión, yo no me decidí a abandonar mi fe. Nos despedimos con tristeza cuando salí para Corfú. Allí mismo vendí los numerosos y valiosos regalos que me hizo, con cuyo producto quedé convertido en dueño de una pequeña fortuna.

Durante un tiempo viví espléndidamente. Un día, vagando por las calles, escuché que alguien me llamaba por mi nombre desde alguna ventana. Me acerqué y distinguí a la luz de la luna a la famosa Melulla, de pie en su balcón. Era una cortesana de extraordinaria belleza que desde hacía cuatro meses había hecho las delicias de los jóvenes de Corfú.

Tres días después, al despertar, me encontré con el doloroso descubrimiento de que Melulla me había obsequiado con un presente que me iba a durar unas cuantas semanas, hasta que la dieta, el régimen riguroso y sólo agua para beber iban a curarme.

Desde entonces cayó sobre mí todo género de desventuras; perdí mi cargo de ayudante, todo el dinero que tenía, y hasta mi crédito comercial, así que volvía a Venecia totalmente arruinado.

Nuestro navío llegó al puerto de Venecia el catorce de octubre de 1745. Vendí sin dificultades mi comisión por la cantidad de cien sequines, colgué el uniforme y recuperé de nuevo mi libertad.

Tenía que ganarme la vida de la manera que fuese y decidí ejercer el oficio de tahur, pero la diosa fortuna seguía en mi contra y en menos de una semana me quedé sin blanca. Tenía que buscar algo de qué vivir sin pasibilidad alguna de invertir dinero. Entonces recordé que el doctor Gozzi me había enseñado a rascar el violín y con éste recurso me procuré un contrato en el teatro de San Samuel, ganando una corona al día. Admito que mi profesión no era muy brillante, pero eso no me importaba, y al poco tiempo compartía los malos hábitos de mis desgraciados compañeros. Cuando terminaba la representación me iba con ellos a la cantina, de donde salíamos frecuentemente borrachos y dispuestos a pasar la noche en casas de mala nota.

Pero la vida habría de dar un cambio para mí a mediados de abril de 1746, cuando tuve el honor de ser presentado, en una boda doble, como violinista. Al retirarme observé que un senador vestido de rojo saltaba de una góndola. Al sacar de su faltriquera el pañuelo, dejó caer una carta. La levanté del suelo y se la entregué. Me dio las gracias y se ofreció a llevarme a mi casa, pero mientras bogábamos tuvo un ataque de apoplejía; yo me apresuré a buscar un barbero que lo sangrase, como lo hizo, y luego mandé que lo llevasen a casa. Asumí el mando de la situación, me hice cargo de todo para subvenir a sus necesidades y mandé a buscar a su físico de cabecera. Se unieron a mí dos nobles, M. Matteo Giovanni de Bragadin, apuesto y letrado aristócrata de unos cincuenta años.

Su médico creyó que sería buena una cura a base de aplicarle pomada mercurial en el pecho. El efecto rápido de tal remedio complació a los dos amigos, pero me alarmó a mí, porque en menos de veinticuatro horas el paciente estaba padeciendo una gran conmoción cerebral. El físico dijo que esperaba aquello, pero a media noche el paciente pasaba por una calentura muy alta y un estado tremendo de irritación. Entonces lo examiné yo de cerca y declaré que, en mi opinión, el pobre hombre no se iba a salvar si no se le retiraba inmediatamente la pomada; y sin esperar respuesta a mi sugerencia, le desnudé el pecho, le retiré la plasta que tenía encima, le lavé con agua tibia la piel y, en menos de tres minutos empezó a respirar sin congoja y cayó en un sueño tranquilo.

El galeno acudió a visitarlo la mañana siguiente y se alegró de ver que su paciente estaba mucho mejor, pero cuando se le informó de lo que había ocurrido se enojó, dijo que aquello era suficiente para matar al enfermo e inquirió quién había sido el atrevido que había echado por tierra y malogrado el buen efecto de su receta.

M. de Bragadin habló por primera vez para decirle:

—Doctor, la persona que me ha liberado de vuestro mercurio que me estaba matando, es un médico de más conocimientos que vos —y dijo aquello señalándome con el dedo.

Entonces el facultativo se volvió a su paciente y le dijo con frialdad que le iba a dejar en mis manos. Entonces se marchó y yo quedé convertido en el médico de uno de los miembros más ilustres del Senado veneciano. Tengo que confesar que me sentí muy halagado y dije a mi paciente que lo único que necesitaba era una dieta acertada, porque la naturaleza haría el resto en colaboración con la primavera que se acercaba.

El noble patricio y sus dos hermanos me escucharon con la más profunda atención. Su grave respeto me dio ánimos y empecé a hablar como un físico consumado, dogmatizando y citando autores leídos por mí. Les di a los tres ciertas pruebas de mi gran ciencia, mencionando que poseía los secretos de un sistema "piramidal" que me había enseñado un sabio ermitaño.

De ahí en adelante me convertí en el hierofante de los tres, y no tuve dificultad para contestar a sus preguntas, porque siempre les daba respuestas de doble significado y cuidadosamente preparadas por mí, de tal manera que no se comprendiera su significado sino hasta después de ocurrido el acontecimiento. Entonces caí en la cuenta de lo fácil que debió resultar a los antiguos sacerdotes paganos imponerse a la gente ignorante y crédula.

Debo decir, en mi descargo, que yo no tenía más que veinte años. Era inteligente, tenía talento y acababa de desempeñar pobremente el oficio de violinista. Paréceme ahora que tomé la decisión más natural y noble en esos momentos, tanto para ellos como para mí.

Al comenzar el verano, M. de Bragadin pudo de nuevo sentarse en el curul del Senado. El día antes de salir a la calle por primera vez me dijo:

—Os debo nada menos que la vida. Vuestros primeros mecenas intentaron haceros sacerdote, o doctor, o abogado, o soldado, y no consiguieron más que convertiros en un violinista. Esas personas no os conocieron. Sin duda ninguna Dios había dado órdenes a vuestro ángel guardián para que os trajese a mí. Ahora os conozco y os estimo. Si queréis ser mi hijo, reconocedme como vuestro padre, y de ahora en adelante, hasta la hora de mi muerte, os trataré como a mi propio hijo. Listo está aquí vuestro aposento, no necesitáis más que mandar a buscar vuestra ropa. Tendréis un criado y dispondréis de una góndola para vos solo, mi propia mesa y diez sequines al mes. No necesitáis preocuparos por el futuro, pensad únicamente en divertiros y tomadme como consejero para cualquier cosa que me necesitéis, en cualquiera empresa que os propongáis, y podéis tener la seguridad de que me encontraréis siempre a vuestra disposición como amigo.

Me arrojé a sus pies para testimoniarle mi agradecimiento y lo abracé, llamándolo padre. Él me estrechó a su vez entre sus brazos. Sus dos amigos, que vivían en la misma casa, me abrazaron también con afecto y nos juramos eterna y recíproca hermandad.

He aquí la historia de mi metamorfosis y del viraje afortunado que me hizo salir de la pobre profesión de violinista para elevarme a la altura de la grandeza.

Cristina

Con objeto de escapar a los rigores del verano veneciano, mis padres adoptivos y yo nos fuimos a Padua hasta fines de otoño. A mí no me gustaba aquella vida quieta y aburrida y para huir del tedio me enamoré de una famosa cortesana veneciana, llamada Ancilla, quien era amante del conde Medini, un joven libertino y jugador tramposo con quien tuve un altercado en el que lo herí en el brazo, por lo que tuve que marcharme de Padua.

El resto del año 1746 transcurrió en paz y sin acontecimientos de importancia. Mi vida en Venecia habría sido placentera si hubiese sabido abstenerme del juego, pero yo no tenía el dominio sobre mí mismo para detenerme a tiempo. Un día en que estaba escaso de fondos, pedí prestado un anillo para empeñarlo. Lo llevaba a Treviso, donde los intereses son más bajos, cuando vi zarpar del muelle del Santo Job una góndola de dos remos, al borde de la cual iba una muchacha campesina hermosamente aderezada. Me detuve para mirarla bien y los gondoleros, creyendo que buscaba pasaje, se volvieron remando a la orilla. Al observar el rostro precioso de la joven, no dudé un momento y salté a su góndola. Junto a ella estaba sentado un anciano sacerdote, quien durante el trayecto se me presentó, era el tío de aquella preciosa doncella, llamada Cristina, que era hija de un rico labrador. Habían venido a Venecia para buscar un marido para Cristina, pero en los quince días que llevaban aquí, y a pesar de la gran dote que se ofrecía, no se había presentado prospecto alguno.

A mí me pareció Cristina como una princesa disfrazada de campesina. Su vestido, bordado en oro, seguramente había costado el doble que la más fina indumentaria de una dama veneciana. Completaban su rico aderezo unos brazaletes que hacían juego con el collar. Tenía la figura de una ninfa. No podía imaginarme cómo una mujer tan bella pudo haber pasado quince días en Venecia sin encontrar un hombre que se casase con ella, o por lo menos intentase engañarla.

Resolví proceder con mucha circunspección y cuidado con Cristina y hacerla volver a Venecia, ofreciéndole sufragar todos sus gastos. Ya encontraría una mujer honorable con quien la pudiera dejar completamente segura para emplear seis meses en averiguar si servía para esposa.

En el mesón de Treviso, donde hicimos arreglos para pasar la noche, compartimos una habitación con dos camas. Yo dormí en una y Cristina, que no podía acostarse con aquel vestido, se desnudó y se metió en la otra con su tío, quien se quedó con su hábito puesto. El hombre estaba ya en sus setenta y cinco.

Al día siguiente, en lugar de despedirme de ellos, decidí ganarme al sacerdote, cosa que iba a requerir muchos días, pero, como tenía que volverse a su aldea para decir misa la mañana siguiente, tenía esperanzas de poderlo persuadir de que dejase a Cristina conmigo mientras estaba fuera. Pero no fue necesario proponerlo, pues cuando volví al aposento el anciano me dijo que Cristina le había pedido que la dejara ahí en espera de su regreso, pero que él dudaba, pues tal vez sería una molestia para mí el ocuparme de su cuidado.

—Ni mucho menos, todo lo contrario —le dije—, me proporcionará un gran placer, porque creo que es muy amable y simpática. En cuanto a nuestro comportamiento, podéis tener la seguridad de que sabremos cumplir con nuestro deber.

—De eso no me cabe duda ninguna. Bueno, mañana a primera hora la dejo a vuestro cuidado hasta el día siguiente. Este desenlace tan extraordinario e inesperado hizo que la sangre se me subiese a la cabeza con tal violencia que me estuvo sangrando la nariz durante un cuarto de hora.

Nos acostamos antes de la media noche y ya estaba alto el sol cuando me desperté. El cura había salido tan quedo del aposento que no lo oí. Miré hacia la otra cama; Cristina seguía dormida. Le di los buenos días, ella abrió los ojos y apoyándose sobre un codo me sonrió dulcemente. Entonces le dije:

—Mi querida Cristina, sois tan hermosa como uno de los ángeles de Dios. Estoy sintiendo un gran deseo de daros un beso.

—Si deseáis un beso, mi querido amigo, venid y dádmelo.

Me tiré de la cama. La decencia le hizo ocultar el rostro. Hacía frío y yo estaba enamorado. Me encontré de pronto en sus brazos en virtud de esos movimientos espontáneos que sólo el sentimiento puede producir, y nos pertenecimos recíprocamente sin caer en la cuenta. Ella estaba feliz y un poco avergonzada. Yo me sentía encantado, sin comprender todavía cómo había podido ganar aquella batalla sin lucha.

Pasó la mañana rápidamente, pero al caer la tarde me pareció que Cristina había cambiado un poco con respecto al día anterior. Le pregunté la razón de ello.

—Debe ser lo mismo —contestó— que te hace a ti estar pensativo.

El remordimiento empezó a infiltrarse en mi conciencia amorosa. Cenamos ligeramente, pasamos una noche deliciosa y preparamos las cosas para separarnos al romper el alba, para que no nos pescase el tío.

Al día siguiente partí con ellos y prometí visitar a la familia durante los primeros días de la Cuaresma. Luego regresé a Venecia, reflexionando acerca de la manera de asegurar la felicidad de Cristina sin hacerla mi esposa. Había pensado casarme cuando la quise más que a mí; pero después de haberla poseído el amor a mí mismo resultó más fuerte que el que le profesaba a ella, porque no era cosa de perder las ventajas de mi venturosa libertad. Sin embargo era un esclavo de mis sentimientos. Abandonar a aquella inocente y cándida muchacha era un crimen horrendo que no quería cargar sobre mi conciencia. Resolví buscarle un marido por todos los medios que tuviera a mi alcance, un marido tan bueno que no sólo estuviese dispuesta a perdonarme la afrenta, sino que me quedase agradecida.

Merced a la habilidosa manipulación de mi oráculo numerológico, M. de Bragadin recibió la misión de obtener dispensa pontificia para celebrar un matrimonio durante la Cuaresma, y a M. Dandolo se le confió la tarea de encontrar un marido para Cristina en el término de quince días. La dispensa llegó a tiempo, pero nos faltaba el novio. Dandolo propuso a tres o cuatro, que yo descarté enseguida, y por fin mencionó a uno que reunía las cualidades que necesitábamos. Se llamaba Charles Bernardi y era un joven muy apuesto, de conducta irreprochable, de unos veintidós años, empleado de M. Ragionato y nieto del Conde Algarotti.

Me empeñé en comer con él antes de dar mi aprobación al proyecto y resultó completamente de mi agrado. Arreglé las cosas para que me acompañase en mi visita a Pregaziolo, que era donde vivía Cristina.

La beldad enamorada me recibió con demostraciones de verdadero contento, y apenas saludó a Charles cuando se lo presenté. Afortunadamente estaba ahí el médico de la familia, que conocía a Charles y se deshizo en elogios hacia él. En algún momento estuve a solas con Cristina y aproveché la ocasión para persuadirla de que mi compañero iba a ser mejor marido que yo.

Imagínese el lector lo que yo sufrí al hacerle aquella recomendación, y cuál fue mi sorpresa cuando observé que la joven no perdía su tranquilidad y compostura. Aquella calma oreó las lágrimas que ya empezaban a remansarse en mis ojos. Durante todo el resto de la cena Cristina se dedicó expresamente a Charles y, cuando estábamos dispuestos a marchar, el joven dijo:

—Estáis hecha de tal manera, adorable Cristina, que podéis construir las delicias de un príncipe.

¿Y qué replicó Cristina? Pues contestó sencillamente:

—Me tendría por feliz, señor, con que me consideraseis capaz de hacer las vuestras.

Un año más tarde, Cristina daba a su marido un hijo en Venecia.

A fines de otoño, mientras andaba de visita por Padua, me presentaron a una serie de gentes cuyo interés primordial era la diversión. Los naipes, el amor y el regocijo estaban a la orden del día. Era costumbre en ese grupo el jugarse toda clase de bromas, y de esa manera nos divertíamos hasta descoyuntarnos de risa. En una ocasión fui objeto de una pesada broma por parte de un griego al que llamaban Signor Demetrio. Dispuesto a tomarme una venganza más sangrienta que el chiste con que él me había obsequiado, esperé a que llegase la noche de un día en que enterraron a un cadáver en el cementerio local, desenterré al muerto, le cercené el brazo, no sin cierta dificultad, y volví a sepultarlo. Luego me metí debajo de la cama de M. Demetrio, un poco antes de que fuera a acostarse.

No tardó el llegar el griego, el cual se desnudó, apagó la luz y se acostó. Le di tiempo suficiente para que se quedase casi dormido, y después, desde los pies de la cama, empecé a tirar poco a poco de las sábanas hasta que lo dejé medio descubierto. Él se echó a reír y gritó:

—Quienquiera que seas, lárgate de aquí y déjame dormir tranquilamente, porque yo no creo en aparecidos.

Dicho esto, se volvió a tapar y se echó a dormir.

Esperé cinco minutos y volví a tirar de las mantas. Cuando empezó a sujetar las sábanas, repitiendo que no creía en fantasmas, yo le opuse cierta resistencia. Entonces se dobló hacia adelante para la mano que estaba tirando de los cobertores y yo me di maña para que estrechase la del muerto.

Seguro de que estaba pescando al hombre o la mujer que le estaba jugando aquella broma, fue acercando más el brazo hacia sí, sin dejar de reírse. Yo lo retuve unos momentos y luego lo solté de repente. El griego cayó de espaldas sobre las almohadas sin decir una sola palabra. Entonces salí de la habitación sin hacer el menor ruido, me deslicé hacia mi aposento y me quedé profundamente dormido. Ya al amanecer me despertó la hostelera y me dijo que la broma había sido del peor gusto y de lo más desafortunada, porque el griego estaba agonizando.

Me quedé verdaderamente horrorizado, pero dije que no sabía nada de aquello, aunque todo el mundo creía que yo era el autor de aquella broma macabra. El arcipreste dijo que él no enterraba aquel brazo y redactó un informe oficial. Demetrio estaba paralizado, ciego y sin habla, y si bien recuperó la vista, quedó alelado y víctima de temblores espasmódicos por el resto de sus días.

Profundamente arrepentido y melancólico, decidí dejar Padua y regresar a Venecia, pero no por eso logré evadirme de las derivaciones de aquel embrollo y, en consecuencia, seguí el consejo de M. de Bragadin y me dediqué un año entero a viajar.

En mi camino a Mantua, me detuve en Verona y asistí a una función teatral, donde me dio mucho gusto ver a Marina aparecer en escena, como danzante cómica. Había crecido y se había hecho más hermosa. Me recibió en su aposento con los brazos abiertos y una cascada de besos. Su compañero era, según me lo presentó, el conde Celi, de Roma. Ella dijo que el conde era su amante, y él se molestó tanto que la insultó; ella le devolvió el insulto y él sacó un cuchillo. Yo desenvainé mi espada y el conde retrocedió. No queriendo involucrarme en el asunto, decidí retirarme, pero Marina no quiso quedarse con él y se vino conmigo.

Yo no quería permanecer en Mantua, pero ocurrió que fui a visitar al hijo de don Antonio Capitani, oficial eclesiástico y coleccionista de curiosidades de historia natural. Él se empeñó en que conociese a su padre, quien me pareció un hombre estrafalario. Su colección estaba compuesta por su árbol genealógico, libros de magia, antigüedades sin valor, un modelo del Arca de Noé, medallas antiguas y un viejo puñal de forma extraña. Me dijeron que aquella hoja enmohecida perteneció al arma que había blandido San Pedro en el Huerto de los Olivos.

Aquello era ya demasiado, y me propuse divertirme a costa de la vejación que se infería a mi buena fe.

—¡Qué maravilla! —exclamé— Si os arregláis para probar la autenticidad de este cuchillo, se lo podréis vender al mismo Papa.

—¡Claro que poseo el pergamino de prueba!

—Para entrar en posesión de esa arma, el Papa sería capaz de hacer cardenal vuestro hijo... pero debéis tener también la vaina.

—Puedo conseguirme una.

—No, necesitáis la original, ésta existe todavía y actualmente pertenece a una persona que os la vendería a un precio razonable, o bien venderle el cuchillo, pues el uno sin la otra no tienen valor.

—¿Cuánto costará?

—Mil sequines.

—¿Cuánto me daría el dueño de la vaina?

—Otro tanto.

La ignorancia y la estupidez de la pareja me indujo a ampliar la broma. Encontré en el corral de mi mesón una vieja bota de montar y de su cuero hice una vaina. En sólo un día la hice envejecer diecisiete siglos y se la llevé al viejo, el cual se tragó que era la original en cuanto vio que se ajustaba perfectamente al cuchillo. Después de enconadas negociaciones, terminé vendiéndoles la vaina en mil coronas romanas.

Henriette

Al poco tiempo de haber llegado a Cesena, asistí a una función de teatro y allí, en el palco principal, estaba Julieta, la hija del tintorero, que se había hecho amiga del general Spada, comandante de la ciudad. Se la conocía como madame Querini. Ella me presentó a su protector, yo lo traté con toda cortesía y después nos fuimos los tres a una casa de juego, donde encontré al conde Celi, el procurador de Marina, a cargo de la banca. Se llamaba ahora conde Alfani, y las trampas nos hicieron perder tanto a Julieta como a mí. Al día siguiente vino a verme a mi habitación y me devolvió parte del dinero con el propósito de comprar mi silencio. Fui a ver a Julieta y le ofrecí los cincuenta sequines que había perdido, pero era tan grande su altanería que no podía creer que nadie le hubiese hecho trampa. Me despedí de ella y del general Spada, porque al día siguiente partía para Nápoles.

Esa noche me despertó un alboroto terrible que se armó en el pasillo que iba a dar a mi puerta. Me levanté y vi que un pelotón de esbirros reunidos frente al aposento que había al otro lado del mío trataban de arrestar a un hombre de apariencia distinguida que soltaba maldiciones contra ellos en latín. Pregunté a uno de los rufianes qué ocurría. Era el posadero.

—Este caballero —me contestó el bellaco— está en la cama con una mujer, y los espías del obispo han venido a enterarse de si es su esposa o no. Si presenta un certificado de matrimonio no les pasa nada, pero, en caso contrario, tendrán que ir a la cárcel. Sin embargo, por unos cuantos sequines, puedo arreglar las cosas. Si habláis latín, recomendadle que se atenga a razones.

Estaba yo tan furioso por aquel abuso que decidí intervenir. Penetré en la habitación y expliqué al caballero la causa de aquel alboroto, en latín, con lo cual se echó a reír, contestándome que no había motivo para juzgar que la persona que estaba con él en la cama era una mujer, porque nadie la había visto más que con uniforme de oficial del ejército y que, aun suponiendo que fuese una mujer, no había hombre que tuviese derecho a interrogarle si era su esposa o su amante.

Se identificó como capitán del ejército húngaro que se dirigía de Roma a Parma con despachos del cardenal Alexander para M. Dutillot, primer ministro del infante de Parma. Indiqué al capitán que debía quedarse en la cama hasta que yo volviese, y me fui a ver al obispo de Cesena, el cual me pasó de oficial en oficial hasta que llegué a la casa del general Spada, de donde emanaron las órdenes para que se dispersase inmediatamente el grupo de pesquisidores del obispo.

Mi indignación ante aquel trato de que se hizo objeto a dos oficiales extranjeros fue grande, pero también estaba experimentando otro sentimiento de índole distinta y más personal. Me imaginaba que la mujer escondida bajo las sábanas era toda una beldad. Ardía en deseos de contemplar su cara, porque la vergüenza y el bochorno no la habían dejado mostrarla. Me había oído hablar, y la buena opinión que tenía yo de mí mismo no me dejaba lugar a dudas de que me iba a preferir a su ya maduro capitán, quien por lo menos debía frisar en los sesenta años.

El capitán me agradeció cumplidamente todo lo que había hecho por él. Entonces yo le pregunté de qué país era su supuesto compañero de viaje.

—De Francia, y sólo habla su idioma nativo.

—Y vos, ¿habláis francés?

—Ni una palabra.

—¿No tomáis a mal que invite a desayunar a vuestras mercedes?

—Preguntad a mi amigo si le parece bien.

—Amigo y compañero del capitán —le dije en francés—, ¿me admitís como invitado a vuestra mesa?

Cuando acabé de decir estas palabras, vi que salía de entre las sábanas de la cama una bonita cabeza de pelo desmelenado y cara radiante y sonriente que, aunque estaba tocada con un sombrero de hombre, no dejaba lugar a dudas de que el amigo del capitán pertenecía al sexo sin el cual el hombre sería el animal más triste y melancólico de la tierra.

El desayuno transcurrió entre risas, y yo, de vez en cuando, traducía al latín para que se enterase el capitán. Mi querida francesita llevaba una casaca azul que no disimulaba los atractivos de su persona.

Esa noche fuimos invitados a cenar a la mansión del conde Spada. A nadie engañó ahí el joven oficial y, si las damas estaban encantadas de cenar con el héroe de la comedia, los hombres se desvivían en atenciones.

Yo había sentido un gran interés por la joven francesa cuando la vi entre las sábanas, pero me quitó el seso cuando fue haciendo gala de un ingenio que yo siempre he admirado profundamente. Me decidí a ganarme su amor y juzgué que, si lograba ser compañero de viaje de esta pareja no muy proporcionada, probablemente lograría mi propósito.

En consecuencia, les ofrecí dos asientos del cómodo carruaje que me habría de llevar a Parma y, después de preguntárselo a la joven, que se llamaba Henriette, ella aceptó de buen grado.

Nos detuvimos en Forlí, y la noche siguiente en Bolonia, donde, después de una opípara cena, pregunté a Henriette a qué singular coyuntura se debía el haber trabado amistad con aquel buen compañero suyo que parecía más que su amante su padre.

—Si queréis saberlo —me contestó con una sonrisa— decidle que os cuente él mismo toda la historia, pero insistid en que no omita ningún detalle.

Después de asegurarse el capitán, merced a un cambio de señas, que ella no ponía objeción, comenzó su relato.

—Fui a Roma con licencia por seis meses en compañía de un amigo, porque no podía dudar de que allí se hablase el latín entre los elementos de la buena sociedad, como ocurre en Hungría, pero me equivoqué rotundamente, porque allá nadie es capaz de hablarlo, ni siquiera los curas. Por eso me sentí muy incómodo y me aburrió la Ciudad Santa. Fui de paseo al puerto de Civitavecchia y ahí me encontré a un oficial anciano y a esta joven, vestida como está ahora, quedando prendado inmediatamente de su belleza. No hubiese vuelto a pensar en ella, de no ser porque, al asomarme a la ventana del aposento que ocupaban en la hostería, los vi en la habitación de enfrente. Al día siguiente, aprovechando que estaba sola, le envié mi intérprete con el encargo de que le dijese que le daría diez sequines por una hora de conversación. Ella contestó por el mismo conducto que salía para Roma inmediatamente después del desayuno y que, cuando hubiese llegado allá, podría yo fácilmente encontrar ocasión para hablarle. Cuando volvía a Roma, casi me había olvidado de la hermosa aventurera cuando, en el preciso momento en que me disponía a partir hacia Parma, la localizó mi intérprete y ella le dijo que se reuniría conmigo en la Porta del Popolo. Estando ahí, ambos comprendimos que, sin intérprete, sólo podríamos entendernos por señas. Ella me indicó por gestos que tenía apetito, por lo que buscamos un figón donde comimos alegremente, hablándonos sin palabras. Al principio no nos comunicamos con claridad, pero al fin de la comida conversábamos ya bastante bien. Cuando le ofrecí los diez sequines, ella los rechazó, indicándome que prefería ir a Parma, porque no tenía deseos de regresar a Roma. Aquella perspectiva me resultó muy agradable. Lo único que no me gustó de aquella aventura es que yo no tenía oportunidad de escuchar la historia de aquella dama, que debe ser muy interesante. Lo único que sé de ella es que se llama Henriette y que es más dulce que una tórtola, que no hay duda de que es muy educada y tiene buena salud. Si ella os refiriese su historia y os permitiese traducirla al latín me daría un gran gusto.

Henriette corroboró la veracidad de la narración de su amigo, pero me suplicó que le dijese que no podía contarle la suya. Lo único que podía decirle era que el oficial anciano del que se había separado era su suegro, que la iba a llevar a un convento, y que tanto él como sus hijos eran unos verdaderos monstruos.

La noche siguiente no dormí, porque era presa de amor por Henriette. Estaba pensando en las consecuencias que traería para mí su súplica de no volverla a ver en la vida cuando hubiésemos llegado a Parma. Tanto me preocupó aquel pensamiento, que a la mañana siguiente expresé mi amor al capitán y le pregunté si podía hablar a solas con la dama. El hombre fue muy comprensivo y se retiró, lo cual aproveché para hacer a Henriette la declaración más apasionada, explicándole con vehemencia mis amorosos sentimientos, con lo cual quedaron derribados todos los obstáculos. Ella no quiso contestar a la pregunta de si ella también me amaba, simplemente me dijo "vamos a Parma", lo que fue como una armoniosa canción para mis oídos.

Cuando el honorable húngaro regresó, pudo advertir en nuestros rostros lo que había pasado y tuvo la gran delicadeza de decirnos adiós en Reggio, continuaría él solo el viaje.

En Parma, lugar de nacimiento de mi padre, nos hospedamos en el hotel D'Adremont y enseguida salí a buscar una tienda para comprar a Henriette vestidos, sobreros, mantos y todo aquello que necesitaba una mujer que no tenía nada.

Escogí lo mejor de todo y lo pague, además un sastre me acompañó hasta el hotel. Henriette, que no tenía la mínima idea de a qué había obedecido mi salida, recibió con gran regocijo mis compras, alabando mi buen gusto.

Los que no creen que una mujer puede hacer a uno feliz las veinticuatro horas del día, es que no han poseído una como Henriette. Durante todo el tiempo que pasé con ella me consideré un hombre muy feliz.

Nos divertimos mucho, todas las noches íbamos a la ópera, pero no veíamos a nadie y regresábamos inmediatamente al hotel. Henriette tenía mucho interés en que nadie la reconociese, porque temía que se enterase la familia de su marido y que la dicha que estaba gozando conmigo quedase destruida en un momento.

En una librería conocí a un ingenioso jorobado llamado Dubois Chateleraux, quien aprovechó cuantas oportunidades se le presentaron para hacerse amigo de nosotros y, cuando nos suplicó que asistiésemos a un concierto que daba en su ciudad natal para oír la orquesta y las estrellas de la ópera, sucumbimos a sus ofrecimientos. Tocó un joven violoncelista y, al terminar, Henriette expresó sus deseos de probar el instrumento. Cuando se sentó con el instrumento yo estaba paralizado, pero ella manejó el violoncelo con tal maestría que de todos los rincones de la estancia surgió un aplauso entusiasta. Aquello estimuló el enigma que ella seguía siendo para mí.

Varias veces trataron los miembros de la embajada francesa de identificar a Henriette, pero ella los evitó. Sin embargo, hubo un tal M. d'Antoine que logró convencerme, a fuerza de insistir, de que entregase a mi amada una carta. No sé por qué presentí un desastre, pero satisfice sus deseos, y mi adorada la leyó, lamentando no poder revelarme el contenido, pues, según decía, ahí se juzgaba el honor de dos familias, por lo que tenía que ver forzosamente a ese hombre.

Estuvieron juntos seis horas, y desde la habitación contigua las veía yo hablando y redactando una carta que debía ser de gran importancia. Después me suplicó que la llevase fuera de ahí dos semanas, mientras recibía la respuesta. Pasamos quince días en Turín mano a mano, sin hablar con nadie, ni siquiera con el dueño del hotel.

En cuanto regresamos a Parma, M. d'Antoine celebró otra entrevista con Henriette y hubo de decidir nuestra separación. Durante largo rato permanecimos en estrecho y tierno abrazo, sin decirnos una sola palabra y mezclando nuestras lágrimas.

Henriette salió por el camino de Ginebra, y yo la acompañé. Al quinto día llegamos a Ginebra y nos hospedamos en el Hotel des Balances. Allí fue a visitarla un banquero con órdenes de entregarle mil luises de oro y un carruaje para su viaje. Al despedirse deslizó en mi faltriquera cinco cartuchos, cada uno de los cuales contenía cien luises de oro, efímera compensación para la tristeza de mi corazón, que se sentía despedazado por aquella separación.

—Ya que el destino nos va a separar —me dijo—, por favor no trates de averiguar dónde me encuentro y, si por casualidad nos volvemos a ver, haz como que no me conoces.

Me suplicó que no me marchase de Ginebra hasta que hubiese recibido una carta que prometió escribirme desde la primera escala de su viaje. Cuando partió la seguí con los ojos hasta que su carruaje se perdió de vista, y el mundo me apreció vacío cuando me quedé sin ella.

Me dirigí a mi aposento y esperé. El postillón volvió al día siguiente. Me traía una carta en la que no había más que una palabra: "¡Adiós!"

La Cantinella

De no haber sido por el apoyo y los ánimos que me dio mi amigo D. la Haye, no sé qué hubiese sido de mí. Me obligó a comer, me exhortó a buscar consuelo en la religión y me hizo acompañarlo a la iglesia. Lo llevé a Venecia conmigo y juntos imbuimos en el espíritu de mis tres padres adoptivos un renovado fervor religioso. Pagué todas mis deudas sin pedir dinero a M. de Brigadín y mis amigos quedaron altamente satisfechos al ver que decididamente me retiraba del juego. A pesar de todo, al comenzar el carnaval de 1750, me saqué tres mil ducados en la lotería. La suerte me hacía aquel regalo cuando no lo necesitaba, porque había corrido con la banca del casino durante el otoño y había ganado buen dinero. Ahora me proponía hacer un viaje a París, para lo cual puse en manos de M. de Bragadin mil sequines, y con los frutos de mis ganancias me sentí feliz de asociarme con mi amigo Baletti, quien, después de un pequeño compromiso en el teatro de San Moisés, fue mi compañero y mentor de viaje. Lo encontré en la feria de Reggio en 1750, luego salimos hacia Turín, donde toda Italia se había reunido para festejar el matrimonio del duque de Savoya con la hija de Felipe V, de España, para salir después a París. Camino a Reggio me detuve en el Hotel San Marcos de Ferrara, donde hallé un cómplice para la fuga más singular de mi vida. Al oír el alboroto que había en una de las habitaciones, me detuve y vi por la puerta abierta a una docena de personas sentadas en torno a una mesa bien servida. Me disponía a seguir adelante, cuando una linda mujer exclamó:

—¡Ah, ahí está!

Y al decir esto se levantó de la mesa, se acercó a mí con los brazos abiertos y me abrazó. Me obligó a sentarme junto a ella, y todos los invitados se levantaron para recibirme con los honores de rigor.

—Mi querido primo —dijo, dirigiéndose a mí—, debes tener mucha hambre —y mientras hablaba me pisaba el pie bajo la mesa—. Te presento a mi futuro marido, a su padre, a su madre y a los amigos de la familia. Y dime, querido primo, ¿cómo es que mi madre no ha venido contigo?

—Tu madre, amada prima —repuse, siguiendo la farsa—, estará aquí, a más tardar, dentro de tres o cuatro días.

Había creído que mi nueva pariente era extranjera, pero empecé a averiguar su identidad. Era La Cantinella, bailarina famosa de Venecia, pero en mi vida había hablado con ella, hasta que me encontré desempeñando el papel de primo.

Siempre me ha atraído lo inesperado y extraño, y como la muchacha era bonita, me presté de mil amores a aquella broma, aunque sabía, sin género de duda, que me lo iba a pagar de manera muy placentera. Hice como que tenía mucho apetito y me llené la boca. Ella comprendió el motivo de mi reserva y me dio una prueba de su aguda inteligencia al ir diciendo, como dirigiéndose a otros, cuanto necesitaba yo conocer.

Así me enteré de que el matrimonio no podía celebrarse hasta que llegase la madre, que era la que tenía que traer de Venecia su ropa y sus joyas. Yo era un compositor que estaba escribiendo la música para la ópera que iba a ser representada en la boda del duque de Saboya. Yo estaba encantado y comencé a tomarle el gusto al papel. Sin embargo, de no haber sido por el premio que me esperaba, hubiese a lo mejor informado a aquella respetable compañía que mi falsa prima estaba loca. Pero, aunque la Cantinella ya andaba cerca de los treinta, era muy linda y famosa por sus intrigas.

Cuando me ofrecieron un vaso de vino, extendí la mano con un dedo torcido. Pretextando un accidente, con lo que esquivé la invitación de que el compositor tocase algo al clavicordio. Después del café me quedé a tratar asuntos de familia con mi nueva pariente.

En cuanto me encontré a solas con ella en mi habitación, que estaba contigua a la suya, se hundió en un sofá y soltó la más estentórea carcajada.

—Aunque sólo te conocía de nombre —me dijo—, tenía confianza absoluta en ti. He estado aquí durante dos meses sin blanca. He tenido la suerte de inspirar al hijo del dueño el más profundo amor, y le he prometido hacerme su esposa y traerle, a guisa de dote, una colección de diamantes que valen veinte mil coronas, que mi madre va a traer. Pero ocurre que mi madre no tiene nada, no sabe nada de este asunto y probablemente no salga siquiera de casa.

Entonces yo le dije que aquella comedia bien podía terminar en tragedia.

—No, seguirá siendo una comedia y, por cierto, muy divertida. Estoy esperando de una hora a otra la llegada del conde Holstein, hermano del elector de Mainz. Él me va a llevar a la feria de Reggio y, si mi pretendiente se enoja, el conde le dará una paliza y pagará mi cuenta, pero yo estoy dispuesta a que ni lo golpee ni le pague. Lo único que necesito es decirle al oído que volveré pronto a casarme con él.

—Todo me parece muy bien —le dije—, pero no quiero esperar a que vuelvas para casarte. Nuestra boda tiene que celebrarse al momento.

—¡Qué locura! Bueno, espera hasta esta noche.

—No, encantadora prima, porque ya me estoy imaginando el carruaje del conde. Si no llega, podemos continuar el juego durante la noche.

—Tienes razón, es una aventura, tanto más agradable cuanto que ha sido improvisada.

Recuerdo que aquella fue una aventura muy deleitosa. Al anochecer entró estrepitosamente en el patio un carruaje tirado por seis caballos de posta. Cantinella me dio un empujón y salió a toda prisa a su aposento. Desde mi ventana divisé a un noble de cuatro veces mi tamaño que salía del vehículo. Subió las escaleras, penetró en la habitación de la futura esposa y lo único que me quedó fue el consuelo de haber agarrado la ocasión por los pelos y la satisfacción de averiguar, mirando por la rendija del tabique, que su señoría, con toda aquella potente arrogancia exterior, era completamente distinto en privado. Salieron hacia el amanecer y más tarde, cuando me preparaba para marcharme, el novio burlado no dejó a su futuro primo que pagara la cuenta.

Lo que me encantó al llegar a París fue la magnífica carretera construida por Luis XV, la limpieza de los hoteles y el magnífico servicio. Silvia Baletti estaba encantada con la llegada de su hijo y organizó una cena en la que invitó a todos sus parientes. Silvia, que tenía unos cincuenta años, gozaba de alta fama como actriz; su figura era elegante, su porte noble y sus maneras graciosas y naturales. Su única hija, Manon, objeto de su amor y de sus atenciones, estaba sentada junto a ella a la mesa. Sólo tenía entonces nueve años, por lo que no me llamó la atención.

En casa de Silvia conocí a un famoso escritor por el cual sentía una admiración rayana en culto, se trataba de Crébillon. Le recité pasajes de sus comedias y aquello le produjo una singular complacencia. Me prometió extirpar de mi francés el acento italiano, y fue para mí un placer tener la ocasión de estudiar bajo la férula de aquel maestro. Durante un año entero estuve visitando tres veces por semana a M. Crébillon y de él aprendí cuanto sé de francés.

Una noche que fui a la ópera me encontré bajo el palco privado de madame Pompadour (cuyo nombre original era

Pez) y, al cambiar unas cuantas palabras con uno de los que la acompañaban, el mariscal de Richelieu, conseguí, no sé si por mi defectuoso francés o por mi rápido ingenio, hacerla reír, con lo cual me gané su amistad. Ella era la verdadera soberana de Francia y estaba metida en la diplomacia, en las guerras y en las finanzas internacionales, tanto que, gracias a ella, Francia perdió Canadá y la India.

Pasé el verano en Fontainebleau, y allí me reuní con los Baletti, con quienes estuve todas las vacaciones. Allí vi por primera vez a Luis XV, quien tenía la más hermosa cabeza que pueda imaginarse. La llevaba con gracia y majestad, pero no hubo pintor con talento suficiente para hacer justicia a la expresión de aquel hermoso semblante. Las damas de la corte me extrañaron por su fealdad.

María Luisa

Mimí Quinson, la hija más pequeña de mi casera, que era una muchacha entre los quince y los dieciséis abriles, adquirió la costumbre de presentarse muchas veces en mi habitación sin que nadie la llamase. No tardé mucho tiempo sin que me enterase que se había enamorado de mí, y tendría yo que ser un verdadero alcornoque para comportarme cruelmente con una morenita vivaz, pilluela, simpática y dotada de una voz deliciosa. Durante los primeros cuatro o cinco meses no hubo entre nosotros más que travesuras infantiles. Pero una noche llegué a casa muy tarde y me la encontré dormida en mi cama. No vi la necesidad de despertarla y, desnudándome, me acosté junto a ella. Al romper al alba, se marchó.

A partir de entonces venía como si tal cosa y se metía conmigo en la cama cada vez que le perecía bien, mientras yo no la despachase a su habitación. Pero ocurrió que hacia el sexto mes había engrosado tanto que la madre montó en cólera y a fuerza de golpes la obligó a decir el nombre del padre. Mimí confesó que yo era el culpable. Acaso no fuese falso.

Madame Quintin entró hecha una fiera en mi aposento. Me llenó de insultos y me dijo que tenía que casarme con su hija. Aquella orden no produjo más efecto que hacerme encoger de hombros y, para cortar en seco esa querella, le dije que ya estaba casado en Italia.

Madame Quintin se quejó ante el comisario del distrito, el cual me hizo comparecer ante él. Declaré que no había hecho daño alguno a Mimí, quien, aseguré, siempre me había mostrado tanto afecto como yo a ella.

—¿Creéis que un hombre que deja en tal estado a una muchacha honrada, en la casa en que mora, no conculca las leyes de la sociedad?

—Concedo que tal sea el caso cuando la engañada sea la madre, pero cuando esa madre envía a su hija al dormitorio de un joven, ¿no debemos suponer que está dispuesta a aceptar sin querella todos los accidentes que puedan resultar de tal conducta?

—Envió a su hija a vuestra habitación únicamente para que os atendiese.

—Y en efecto, me ha atendido tanto como yo a ella. Si esta noche la manda de nuevo a mi cuarto, y Mimí no tiene inconveniente, con toda seguridad la atenderé tan bien como me sea posible, pero no me meteré con ella en contra de su voluntad, ni fuera de la habitación.

Al día siguiente mandó a buscarme el teniente de policía. Después de haberme escuchado, lo mismo que a la madre y a la hija, me declaró libre y condenó a madame Quintin a pagar las costas. Pero, después de todo, no pude resistir las lágrimas de Mimí y corrí con los gastos de su confinamiento. Más tarde se escapó de la casa de su madre y se dedicó al teatro.

El mejor amigo que tuve en París fue M. Claude-Pierre Patu, joven poeta que me enseñó las costumbres y el género de vida de los parisinos, y me llevó a muchos lugares interesantes. Uno de ellos fue la feria de San Lorenzo. Se había propuesto cenar con una actriz flamenca conocida por el nombre de Morphi, y me invitó a que fuese con él. Patu se dispuso a pasar una noche algo más agradable y, como yo no quería volver solo a casa, pedí un sofá para dormir tranquilamente.

Morphi tenía una hermana llamada María Luisa. Chiquilla desgarbada de unos trece años, la cual me dijo que si le daba una corona me dejaría su cama. Acepté su proposición y ella me acompañó a una pequeña recámara en la que había un jergón de paja tirado sobre cuatro tablas.

—¿Y a esto le llamas una cama?

—No tengo otra, señor.

—Entonces métete en ella como de costumbre y tendrás tu corona.

—¿Por qué?

—Quiero verte desnuda.

—¿Pero no me haréis nada?

—Ni pensarlo.

Se desnudó, se tendió en la cama y, al verla así desapareció la impresión que me había hecho con sus sucios harapos y me encontré con una perfecta belleza. Pero yo quería verla del todo, sólo que al tratar de satisfacer mis deseos opuso alguna resistencia. Con una corona doble de seis francos se avino a obedecer y, al advertir que el único defecto que tenía era la falta de limpieza, me propuse lavarla con mis propias manos.

Fui a verla la noche siguiente e hice un trato con su hermana, en virtud del cual le pagaría doce francos cada vez que la visitase y tuviese el placer de bañarla.

La hermana mayor creía que era un idiota, porque, en el término de dos meses había pagado ya trescientos francos sin haber hecho nada. Pero lo que yo traía en la cabeza era tener un cuadro de aquel hermoso cuerpo, y un artista alemán lo pintó magníficamente para mí por seis luises. La postura era deliciosa: estaba acostada sobre su vientre, apoyando los brazos y el pecho en una almohada. Yo estaba encantado con aquel retrato y escribí debajo de él "O'Morphi", palabra que no tenía nada de homérico, pero que finalmente era griega y significaba "hermosa".

¿Pero quién es capaz de prever los misterios grandiosos que en sus designios guarda el destino? Mi amigo Patu quería una copia de aquel retrato. No iba yo a negar este favor a mi amigo, por lo que se lo encargué al mismo pintor. Pero el artista, que había sido invitado a Versalles, expuso aquella pintura, juntamente con otras, por lo que el propio rey tuvo la oportunidad de admirarlo. Su Cristianísima Majestad, que era un gran conocedor de esas materias, quiso comprobar con sus propios ojos si el pintor había sabido interpretar con exactitud la realidad, en consecuencia se le encargó al artista que presentase el original. El hombre vino a verme. Yo estimé que aquello estaba muy puesto en razón y se lo dije a su hermana, que saltó de alegría.

Después de limpia y vestida la joven beldad, fue trasladada a Versalles, donde el rey aseguró, al verla en un pabellón del parque, que no había visto copia tan exacta como la de aquel retrato de O'Morphi. Entonces Su Majestad se sentó, se colocó a la doncella en sus rodillas, le hizo unas cuantas caricias y, después de comprobar con su real dedo que el fruto no había sido arrancado todavía, le dio un beso.

O'Morphi miró atentamente a su señor y sonrió.

—¿Por qué te ríes? —preguntó el rey.

—Porque os parecéis a una moneda de seis francos.

Aquel candor hizo sonreír al rey, quien le preguntó si le gustaría quedarse en Versalles.

—Eso depende de mi hermana —contestó María Luisa.

Total, que el artista alemán recibió cincuenta luises, la hermana un millar de la misma moneda y la pequeña O'Morphi se quedó en un apartamiento del Parque de los Ciervos, tuvo un luisito de regalo al terminar el año, y cuando, dos años después Su Majestad la despachó, se encontró con una fortuna de cuatrocientos mil francos.

Camila Veronese, que actuaba y bailaba en el teatro italiano, siempre me hizo pasar buenos ratos en su compañía. Vivía con el conde d'Egreville, hermano del marqués du Rumain. Apenas prestaba atención al conde de la Tour d'Auvergne, el cual, como no tenía fortuna suficiente para poseer sus encantos, tenía que contentarse con Babet, muchacha que ella misma le había conseguido y a la que mantenía. Yo me enamorisqué de Babet, y me encantó el ofrecimiento que Tour d'Auvergne me hizo una noche, cuando acababa de dejar a Camila, de llevarme a casa en su coche, porque estaba lloviendo. Acepté gustoso la invitación y él se sentó a mi izquierda, mientras Babet se acomodaba encima de las rodillas de ambos. Como estaba ardiendo de amorosos deseos y el cochero hacía correr mucho los caballos, no quise perder el tiempo y le cogí la mano, apretándosela suavemente. Aquella presión fue correspondida. Me llevé su mano a mis labios y la cubrí de besos apasionados, aunque silenciosos. Pues el conde estaba muy cerca de nosotros.

Al visitar a Camila semanas más tarde, me dijo que el conde estaba en cama con un ataque de ciática. Me ofrecí en broma a curarlo por medio del Talismán de Salomón y unas cuantas palabras misteriosas. Compré unas drogas, las diluí en su agua, y dije a Camila que frotase con ella la pierna mientras murmuraba yo mis conjuros y pintaba en la parte dolorida una estrella de cinco puntas. A ambos los dejé convencidos de que yo era un físico o un hechicero.

Cinco días después casi se me había olvidado aquella comedia, cuando vi salir ágilmente al conde de un carruaje para decirme que la cura que le había dispensado había surtido un efecto prodigioso. Como sabía que su rápido restablecimiento era sólo una coincidencia singular, le quité de la cabeza que aquello se debiera a poderes mágicos, pero él se empeñó en presentarme a su tía, la marquesa d'Urfé, quien era muy famosa por su conocimiento de las ciencias ocultas, y principalmente de la alquimia.

—Es una mujer de talento, muy rica, y la dueña única de su fortuna —fueron las palabras con las que me la describió.

Madame d'Urfé estaba predestinada a ser mi amiga, mi víctima, mi banquera y mi protectora.

Jeanned'Urfé

Era una mujer de cierta edad, pero todavía hermosa. Nuestra primera entrevista fue un duelo de palabras en el que estuvimos estudiando cada uno el carácter del otro. Me mostró su biblioteca, una de las mejores de Francia, y hablamos de metafísica, de la transmutación de la materia, de alquimia y de magia. Me llevó a su laboratorio, en el cual había una sustancia que se venía quemando en el horno desde hacía quince años y a las que todavía quedaban otros cuatro o cinco de combustión, para ser capaz de transformar todos los metales en el oro más puro. Tenía además un barrilito de platino que pensaba convertir en oro. Comparamos nuestros conocimientos y experiencias, y yo desempeñé el papel de principiante, lo cual no me resultó difícil. De ahí dedujo sagazmente que era yo un catecúmeno de las ciencias ocultas, pero de asombrosa ignorancia.

Me encontré con distintos amigos suyos, pero sólo uno me impresionó. Era el famoso aventurero conocido con el nombre de Conde de Saint Germain. Él jamás cenaba, jactándose de existir en virtud de su energía especial, manteniéndose de un alimento misterioso. Era investigador, lingüista, músico y químico, tenía apariencia atractiva y era un verdadero caballero de las damas. Este rey de impostores decía con el mayor aplomo y sosegadas maneras que tenía trescientos años y que era capaz de derretir diez o doce pequeños diamantes para formar una piedra grande de las más vistosas aguas sin pérdida de peso. Pese a sus jactancias, a sus descarados embustes y a sus múltiples excentricidades, era para mí un hombre asombroso.

Pero la marquesa estaba más pasmada todavía por una serie de revelaciones que le expliqué y con las cuales logré interesarla, hasta el extremo que no tardé en ejercer una considerable influencia sobre ella y granjearme su más íntima amistad. Pasábamos juntos tantas horas del día trabajando sobre las pirámides que tanto fascinaban a M. de Bragadin y a sus dos amigos, que la gente me consideraba como marido suyo.

Si hubiese creído factible hacer recuperar a madame d'Uerfé su seso y volverla al sentido común lo hubiese intentado, pero comprendí que aquella su enfermedad no tenía remedio, por lo cual lo único que cabía hacer era seguirle la corriente en sus manías y aprovecharme de ellas. Tenía ideas que bordeaban en el límite de la locura, pero estaban construidas a base de ciencia y de investigación y, si se me hubiese ocurrido hablarle llanamente y con toda sinceridad, tratando de convencerla de que aquello era un absurdo, no me hubiese dado crédito ninguno.

Sus magníficas propiedades rurales le producían ochocientos mil francos al año, y tenía otros ingresos por el mismo valor de sus inversiones y de las casas suntuosas que poseía en París. Aunque no tenía planes concretos de aprovecharme de su fortuna, experimentaba cierto placer al pensar que podía hacerlo si se me antojaba.

En la boda de mi hermano Francois, habló el banquero M. Corneman de la gran escasez de dinero y aseguró que, si el gobierno pudiese establecer un cambio de valores franceses en Amsterdam por los de otros países de crédito más alto, la situación financiera de Francia se mejoraría considerablemente. El plan me agradó, y fui al Palais Bourbon para discutir el asunto con mi amigo M. de Bernis, quien planeó enviarme a Holanda.

Esther

Llegué a La Haya a los cuatro días y pronto estuve en compañía de la mejor sociedad holandesa. Luego me fui a Amsterdam, donde fui presentado al financiero holandés M. Hope, quien me invitó a cenar. Cuando llegué a su casa lo encontré con su hija única, Esther, doncellita de catorce años, muy bien formada, de tez blanca como la nieve con un finísimo matiz rojo, de cabellera negra como el azabache, y provista de los ojos más bonitos que he visto en mi vida.

Yo estaba asombrado de las costumbres de aquel país y de la libertad de que gozaba Esther, porque asistió a un concierto conmigo sin dama de compañía, y cuando solicité de ella el besarle la mano, me ofreció sus labios encantadores.

En aquel concierto me encontré con una sorpresa, porque la cantante italiana cuya fama nos había llevado ahí era Madame Trenti, a la que conocí enseguida como Teresa Imer, la protegida del senador Malipiero. Ella estaba en el mejor momento de su carrera de cantante y tenía una voz espléndida, pero en aquellas circunstancias actuaba en todos los conciertos públicos y recibía regalos que espontáneamente se le hacían en forma de depósitos en una bandeja que pasaba entre el auditorio, una vez terminada la actuación.

Cuando se acercó a mí, vi que se sorprendía, yo puse doce ducados en la bandeja. Con ella iba una niñita de cuatro o cinco años que me besó la mano. No pude menos que caer en la cuenta de que se perecía mucho a ella, pero oculté mi emoción y le regalé mi bombonera. Después de estar de vuelta en mi alojamiento aquella noche, recibí la visita de Teresa con la niña. La invité a cenar y amenizó nuestra entrevista con un relato de sus aventuras que duró cinco o seis horas, mientras la pequeña dormía tranquilamente en mi cama. Poco trabajo le costó a Teresa convencerme de que yo era el padre de la criatura, de la que me encariñé enseguida.

Al día siguiente fui a patinar con Esther Hope, y como era un perfecto neófito, me caí veinte veces sobre la capa de hielo. A ruego suyo, inicié a Esther en los complicados secretos de las "pirámides" y de la numerología cabalística. Luego interesó a su padre en la lectura de estas pirámides, y una de las preguntas que propuso a mi oráculo fue qué suerte había corrido una embarcación perteneciente a la Compañía de la India, de la cual no se había vuelto a saber nada y que debía haber estado de regreso hacía dos meses.

Con inexplicable ligereza e irreflexión, preparé una respuesta que no dejaba lugar a dudas sobre que la nave estaba totalmente a salvo, profetizando además que se tendrían noticia de ella en pocos días.

Al volver a mi casa, pasé por delante de un jardín de té y entré en él, arrastrado por la curiosidad de ver cómo funcionaban estos establecimientos en Holanda. Me encontré con una orgía desenfrenada. Una de las mujeres mercenarias que vi tenía algo de familiar para mí, y no tardé en reconocer en ella a Lucía, aquella inocente doncellita rústica que se había convertido en una prostituta fea, plebeya y vulgar. Salí de aquel antro inmundo, llegué a mi casa y de inmediato me netí en la cama, presa de los más tristes pensamientos.

Al día siguiente fui a visitar a Esther, y al quedarnos solos nos dijimos mutuamente las cosas más agradables. Sin duda ninguna yo estaba verdaderamente enamorado de ella, porque no se me ocurrió una sola idea perversa en su presencia.

Al cabo de una semana, M. Hope me comunicó que él, junto con otros siete banqueros, iban a hacerse cargo de los veinte millones de francos en valores franceses bajo ciertas condiciones, y mandé enseguida esa información a París por correo urgente. Me contestaron diciéndome que rechazase la oferta y ordenándome regresar si no obtenía otra mejor. Me hubiese marchado inmediatamente, de no ser porque se recibió la noticia de que la nave que había comprado M. Hope estaba a salvo en Madeira, acontecimiento que él quiso celebrar regalándome una décima parte de las ganancias.

El hombre estaba seguro de que yo podía hacer una inmensa fortuna valiéndome de mi cábala, y se ofreció a ser mi agente y suegro. Yo me sentía aturdido de felicidad, pero no quería perder mi libertad. Le dije que primero tenía que regresar a París y presentar la dimisión al cargo que se me había confiado, y que después volvería a Amstedam, libre de compromisos.

Recibí entonces otra propuesta de los financieros de Amsterdam. Aquella satisfizo a M. de Boulogne, y salí de la ciudad con el éxito en mi gestión y trescientos mil florines, además, había vendido con ventaja las acciones de madame d'Urfé. Mi amorcito, que hasta entonces había sido liberal conmigo en besos, pero nada más, me regaló cincuenta camisas y otros tantos pañuelos de la más fina calidad.

Justiniana

Ya en París, me apresuré a ir al teatro italiano, donde saludé a Silvia y a su hija en el vestuario. En uno de los palcos vi a Mlle. Justiniana Wynne, con quien había mantenido relaciones amorosas en Venecia durante un breve período de tiempo. Su madre me había prohibido entrar en la casa, pero ahora el cambio que se había operado en mi fortuna hacía milagros, y se me permitió visitar a la adorable Justiniana en su hotel. La primera hora que pasé en su compañía fue suficiente para que me encadenara a su carro, como un cautivo. Ella ocupó en mi corazón el lugar del que, una semana antes, era soberana Esther. En el corazón de un libertino no puede subsistir el amor sin que se le mantenga con buen alimento.

Esa noche, en la cena que compartí con madame d'Urfé y el conde Saint Germain, aquel prodigioso charlatán me dio la noticia de que iría a Chambord, donde el rey le había ofrecido alojamiento suntuoso y cien mil francos para trabajar en los nuevos tintes que darían superioridad a los materiales franceses por encima de los de otros países. Él había preparado un laboratorio para diversión del rey, a instancias de madame Pompadour, puesto que aquello le serviría para alejar al rey del harén de beldades.

En el baile de máscaras de la ópera Justiniana me sacó afuera y comenzó a contarme sus confidencias. Andaba enamorada de un veneciano amigo mío que se llamaba Andrea Memmo, y estaba embarazada.

—Tienes que procurarme al aborto —me dijo.

—¡Eso jamás! ¡Es un crimen!

—Ay, ya lo sé muy bien, pero no creo que sea un crimen mayor que el suicidio; y si no aborto, me suicido. Tú eres mi único amigo, y de ti depende mi decisión.

No me quedó más remedio que ceder a sus deseos. Ninguna de las drogas que conseguimos surtió efecto, por lo que llegó al sexto mes, aumentando su desesperación al tiempo que le crecía el vientre. Un día en que estaba yo cenando con madame d'Urfé, le pregunté si sabía la manera de ahorrar la afrenta pública a una muchacha que se había extralimitado con su amante.

—Conozco un método infalible —me respondió—. Es el Aroph, de Paracelso, y su aplicación es muy sencilla.

Sin más, me trajo un manuscrito en el que se describía la fórmula de un ungüento de azafrán, mirra y otros ingredientes mezclados con miel virgen. Para conseguir el resultado apetecido había que emplear una máquina cilíndrica del tamaño y longitud suficiente para que, untando con la medicina su extremo, llegase al punto en que se asentaba la condición indeseada. Había que repetir la dosis cinco o seis veces al día durante una semana. Aquella pócima y la manera de aplicarse me hicieron reír hasta el extremo de que casi no pude disimularlo. Pero cada vez que iba a ver a la encantadora Mlle. Wynne me proponía no descansar hasta aliviar la pasión que me consumía por poseer sus encantos.

Una vez, en que estaba llorando, desesperada por su situación, me atreví a mencionar el ungüento de Paracelso, y ella se avino a probarlo. Yo le expliqué lo del objeto cilíndrico que debía insertarse profundamente y que lo mejor sería precisamente el miembro masculino.

Aquella noche, habiendo preparado la pócima, nos dimos con toda seriedad a la tarea de su correcta aplicación. Yo adopté un papel grave, como la de un estudiante de medicina que va a practicar una operación, y ella como una paciente, y al mismo tiempo, como una enfermera que prepara los instrumentos. Enseguida pusimos manos a la obra.

La tímida damisela apagó la vela, pero minutos después hubimos de encenderla otra vez. Sostuve cortésmente que me gustaría continuar inmediatamente. La voz con que lo dije nos hizo soltar a los dos una carcajada.

Tardé más en la segunda operación que en la primera, y mi adorada se encontraba ya a su gusto y sin inhibiciones. A su modestia había sucedido una sensación de confianza y un aire de cariño, con el cual me preguntó si no me gustaría descansar un poco, ya que nos quedaba todavía mucho que hacer antes de terminar nuestra obra.

"La encontré sentada en la cama con ropas elegantes y una sonrisa.

—Ya ves que no necesito descansar —le dije— y creo que será mejor volver a darle otra vez.

Sin duda alguna le pareció bien aquella idea, porque, sin decir palabra, se dispuso a comenzar otra vez. Luego nos pusimos a dormir un largo rato. Cuando me desperté, lleno de nuevos bríos, le rogué que se sometiese a otra operación. Después de llevada a cabo con todo éxito, me dejé guiar por ella para conservar mis energías, porque las íbamos a necesitar en las noches siguientes. A eso de las cuatro de la madrugada ella se retiró a su habitación y yo me fui al romper el día.

Después de tomar un baño perfumado, visité a Mlle. Wynne hacia el mediodía, como si no hubiese pasado nada. La encontré, como de costumbre, sentada en la cama, con ropas elegantes y una sonrisa de felicidad en los labios. Habló tanto de su agradecimiento que me sentí cohibido, pues el agradecido debía ser yo.

Aunque estaba enamorado de esa deliciosa joven, no me sentía en lo más mínimo avergonzado de haberla engañado, sobre todo porque lo que había hecho no podía producirle malos efectos. Aunque luchamos con decisión y constancia, nuestros esfuerzos no surtieron los resultados apetecidos, por lo que le dije resignado:

—Querida, parece que lo que hemos estado haciendo va a crear más que a destruir.

Pero puede ayudarla, atrayéndome la simpatía de la condesa de Rumain, que me estaba muy reconocida por las numerosas veces que había consultado mi oráculo. Ella preparó las cosas para que mi mujercita se refugiase en un convento hasta que dio a luz un hermoso infante. Luego volvió a vivir con su madre, diciéndole que había tenido que huir para escapar a un matrimonio improcedente.

Madame Baret

Mi pensamiento se concentró entonces en una operación de negocios que, según mis cálculos, me iba a resultar excepcionalmente provechosa. El plan era imprimir, en piezas de seda, los elegantes modelos que se producen en Lyon, según el proceso lento del tejido, dando así a los clientes un artículo de gran valor a precios mucho más reducidos. Contaba para ello con los suficientes conocimientos de química y el capital necesario.

Alquilé una casa grande junto al Temple, busqué criados, almacenista, dibujante, etc., y veinte muchachas jóvenes para dar el último toque a la tela impresa.

Por entonces vivía yo como príncipe y la gente me consideraba perfectamente feliz, pero no lo era. Los gastos de instalación de la fábrica, mi afición a derrochar el dinero y a conseguirme placeres debieron servirme de aviso. De todos modos, si no hubiese sido porque se paralizó mi negocio con la Guerra de los Siete Años, hubiese producido ganancias durante mucho tiempo. Pero el gasto principal, que era lo que verdaderamente me arruinaba, me lo producían las muchachas que trabajaban en mi establecimiento. Con mi afición desenfrenada por la variedad, mi personal femenino constituía un arrecife en el que mi virtud se iba a pique todos los días, y las chicas se aprovechaban de mi impaciencia, exigiendo, en compensación, vestidos, joyas o dinero. Mi afición nunca duraba más de una semana, y frecuentemente se desvanecía a los tres o cuatro días de haber disfrutado de la intimidad.

El primero de noviembre vino a la fábrica una encantadora y vivaracha chiquilla de diecisiete años a comprar tela para un vestido de novia. La acompañaba su padre. En favor suyo quebranté mi norma de no vender menos de una pieza entera y le permití comprar el género que le bastase para su vestido. Agradecidos me invitaron luego a la boda, donde aprecié claramente que el novio, M. Baret, hombre enjuto y melancólico de expresión alelada, era el perfecto candidato para llevar aditamentos frontales. La preciosa novia me dijo mientras bailábamos que no estaba enamorada de su marido, al que conocía sólo desde hacía una semana. Iban a abrir una tienda de medias de seda y me propuso que negociase con ellos.

Fui su primer cliente y el mejor. Los invité el domingo a comer, y el marido tenía que marcharse a las dos a una cita de negocios. Le prometí acompañar a su esposa a casa. Cuando se retiró me dijo ella:

—Mi marido anda tan delicado de salud que sólo me considero su enfermera. En cuanto a hijos, no sé cómo voy a poder ser madre, cuando aún sigo siendo doncella.

—¡Quién lo creería! ¿Cómo puede un hombre que no esté a las puertas mismas de la muerte sentirse enfermo junto a vos? Debe estar muerto.

—Bueno, no está precisamente muerto, pero tampoco da muestras de vida.

Aquel destello de ingenio me hizo reír y, so pretexto de celebrar su ocurrencia, la abracé sin que notase mucha resistencia. Quedé encantado de ver que se sometía dócilmente a mis caricias, pero se retiró en el último momento. Me preguntó qué iba a decir su marido si la encontraba distinta de como Dios la hizo.

—¿Pero, no os ha tocado siquiera?

—Así ha sido. Podéis verlo por vos mismo, si gustáis.

—Ya lo creo que gusto, ángel mío. ¡Oh, ese fruto no debe conservarse para un individuo indigno de arrancarlo!

Venid a mis brazos, abandonaos a mi amor y no temáis nada, pues prometo no dañar el fruto.

Pasamos tres horas jugueteando de tal manera que se encendieron nuestros deseos y de vez en cuando hicimos alguna libación. Me consolé con el juramento de que sería mía del todo en cuanto Baret tuviese motivo para pensar que había sido suya.

Me enamoré de ella más apasionadamente que nunca, y pasaba por la tienda tres o cuatro veces al día. El día en que me dijo que podíamos pasar juntos una semana en Petit Poland la llevé de compras y adquirió cuanto se le antojó.

La señora Baret preparó su visita a mi casa de campo pretextando una jequeca que sólo se podía curar con el aire del campo, y, claro está, yo me apresuré a ofrecer mi casa a su marido. Se presentaron ahí y, en la primera mañana, él se fue temprano para abrir la tienda, y yo me preparé a hacer otro tanto con su esposa.

Sorprendido al encontrarla en el mismo estado que la última vez, le dije que había supuesto que... pero ella, sin dejarme terminar la frase, me dijo:

—Amor mío, Baret piensa, o hace como que piensa, que ha cumplido con sus deberes de marido, pero no ha hecho nada, y estoy presta a ponerme a tu disposición.

—Tienes razón, joyita mía. Así le haremos un buen servicio.

Un gemido ahogado y después varios suspiros anunciaron que el primer servicio estaba consumado. Antes de descansar siguieron otros tres. La encantadora madame Baret pasó una semana conmigo, y todos los días renovamos el combate en que siempre conquistábamos y éramos conquistados. Pocas mujeres he visto tan bonitas y seductoras y ninguna tenía la piel tan exquisitamente suave y blanca. Su aliento estaba perfumado, lo cual hacía más deliciosos sus besos. Su cuello estaba magníficamente torneado, y las dos prominencias, con su cumbre de coral, eran duras como el mármol. Las curvas elegantes de su figura hubiesen desafiado al más hábil pintor. Me causaba un gozo inefable contemplarla, y no creo que pudiera encontrarse una mujer más experta que ella en las artes del amor.

Madame Dubois

A primeros de noviembre la fábrica me produjo una serie de complicaciones financieras. Primero vendí participaciones en el negocio a M. Garnier por valor de cincuenta mil francos; luego la encargada del almacén vació la gaveta en que se guardaba el dinero, por lo que Garnier me acusó de haberme llevado yo esa suma y me embargó cuanto tenía, incluso mi propiedad privada. Entonces me vi forzado a despachar a todas las muchachas. Mi abogado era un buen hombre, pero mi consejero era un granuja que se embolsaba el dinero que le daba para las costas del juicio, con lo cual un día me detuvieron a las ocho de la mañana y me llevaron al juzgado.

Me dijeron que sería puesto en libertad si pagaba los cincuenta mil francos, o presentaba un buen aval.

No tardó mi celda en llenarse de gente. El pobre Baret llegó sollozante, ofreciéndome cuanto había en su tienda. Finalmente, madame d'Urfé ofreció su aval y fui puesto en libertad.

Mi detención y encarcelamiento me hicieron coger ojeriza a París y sus truhanes, y decidí hacer otro viaje a Holanda para llenar de nuevo mi bolsa e invertir dinero en algo que me produjese una renta anual. Liquidé Petit Poland y arreglé el pleito con Garnier. El gobierno me encargó que negociase un empréstito al cinco por ciento, bien con los Estados Generales, bien con alguna compañía privada, aunque vacilé en hacerme cargo de aquella comisión, a menos que la compensación fuese inmediata y segura.

En La Haya me dijo el embajador de Francia, M. d'Afrique que no debería gastar tiempo en intentar la negociación de un préstamo, porque M. Silhouette, nuevo contador general, había arruinado el crédito de Francia al suspender los pagos de sus deudas. Me preguntó si conocía a un tal Conde de Saint Germain, que estaba entonces en La Haya, el cual estaba tratando, sin contar siquiera con el embajador, de conseguir un préstamo por cien millones de francos, como representante personal del rey. Cuando le dije lo que sabía del conde y de cómo se las echaba de fabricar diamantes, él se echó a reír y me dijo que, en tal caso, St. Germain conseguiría fabricar también los millones.

En Amsterdam me apresuré a visitar a Esther Hope y a su padre. Pasé todo el día con esta deliciosa muchacha, cuya simpática disposición y amabilidad, así como su gran fortuna, me hubiesen hecho feliz, de no haber sido por estar enamorado sobre todo de mi libertad.

Como los Hope se habían beneficiado de mi oráculo y Esther había aprendido a adivinar por medio de las pirámides, se había aficionado en extremo a aquel arte. Constantemente me insistía en que le diese una prueba de su infalibilidad. Como ella tenía un pequeño lunar negro en el hoyuelo de su barbilla, y yo sabía por experiencia que, cuando pasa eso en la cara, está el lunar duplicado en otra parte del cuerpo, construí mi pirámide y de ella extraje estas palabras: "Querida y discreta Esther, nadie sabe que en la misma entrada del templo del amor tienes un lunar exacto al que aparece en tu barbilla."

Ignoraba ella misma que aquello era verdad, hasta que, con no poca modestia, se convenció de que era cierto.

Cuando su padre buscó el consejo de mi oráculo, inmediatamente supuse que se trataba de un préstamo a Luis XV de cien millones de francos, para conseguir el cual St. Germain proponía depositar como garantía las joyas de la corona de Francia. Puse en guardia contra él al sindicato, y cuatro días después M. Hope se quedó extasiado haciendo lenguas de mis artes adivinatorias, porque St. Germain había logrado fugarse en el preciso momento en que iba a ser detenido a instancias del gobierno francés, mientras Hope, por el contrario, empezó a ser considerado como el hombre más sagaz y de mayor capacidad para los negocios en Holanda.

Saint Germain había dejado como ejemplo un espléndido diamante. Yo hice que Esther construyese una pirámide y me las arreglé para que diese una respuesta: "Diamante sin valor, mera pasta."

Mi convenio con Esther era que se me entregaría si le comunicaba el secreto del oráculo. Como no existía me pareció que lo único que iba a conseguir era destrozar mi amor si le confesaba que era un charlatán y había estado engañándola todo el tiempo. Sin embargo, a comienzos de 1760, hice todo lo que pude por mostrarle la verdad. Logré conseguirlo, y su interés se volvió entonces a las ciencias naturales, de tal manera que entrase en conocimiento de cosas tan sencillas como el milagro del lunar.

Para tomar unas vacaciones me fui a Berna; había ahí una playa de moda donde todo mundo iba a bañarse, llamada La Mata. Estando ahí me conseguí una verdadera corte de muchachitas que aspiraban a tener el honor de atenderme mientras me bañaba. Con aires de soberano, como si fuese el mismo Gran Turco, pasé revista a aquel enjambre de beldades silvestres y tiré mi pañuelo a la que me pareció mejor. Nos metimos en el vestuario, ella me desnudó, luego hizo ella otro tanto y penetramos en el baño. Se dedicó a frotarme por todas partes, menos en cierta región, que tenía yo cubierta con mis manos. Luego me trajo café en una bandeja. Aunque yo no me había fijado mucho en ella, estaba bien claro que poseía todas las cualidades que el hombre puede desear en una mujer. ¿Pero a qué se debía que me sintiese frío ante sus encantos? Sería acaso por la forma y las maneras naturales de aquella muchacha que no tenía las gracias artificiciosas de la coquetería.

Cuando salí del baño me secó con toallas, me puso la camisa y, en el mismo estado, es decir completamente desnuda, me peinó y atusó el cabello. Le di media corona por el baño y seis francos de propina para ella, pero me devolvió estos últimos con desdén. Aquello me molestó, pero comprendí que la había molestado al no hacerle caso.

Aquella noche, después de la cena, no pude menos que contar aquella aventura a madame Dubois, mi ama de llaves, la que hizo un comentario:

–No puede ser muy bonita, porque de haberlo sido, no la hubieseis dejado marchar. Me gustaría verla.

–Si así lo queréis, os llevaré allá mañana.

–Me agradaría.

–Pero tenéis que vestiros de hombre.

Me despertó a las seis, se vistió con la ropa de mi criado y se echó encima un gabán azul que desfiguró sus formas admirablemente. Llegamos a La Mata, y el dueño de los baños nos dio un vestuario para cuatro. Escogimos a la misma muchacha del día anterior y a otra corpulenta y de aspecto decidido. En cuanto me desnudé, me metí en el agua con mi amazona. La buena de Dubois vaciló un poco, pero se echó a reír al ver cómo me frotaba mi bañera. Por fin se quitó la ropa y me fascinó en cuanto contemplé la belleza de sus formas. Me empeñé en hacer de ayudante suyo y las dos muchachas suizas comenzaron a imitar las caricias que prodigaba a mi compañera. La extraña porfía de las dos jóvenes bacantes llamó su atención, hasta que se sintió impulsada a dejarse llevar por la naturaleza y otorgarme cuanto deseaba. Después de lo que ocurrió, ya no cabían más obstáculos al libre ejercicio de muestro amor, con lo que mi querida Dubois se convirtió en mi amante.

Una de las amistades que hice en Berna fue M. Louis de Muralt, miembro del Consejo de los Doscientos. Él trató a madame Dubois como si fuera mi esposa y nos presentó a la suya, juntamente con su hija Sara. Esta muchacha tenía sólo trece años, pero era sumamente precoz. Constantemente estaba diciendo inocentadas candorosas cuyo doble sentido conocía perfectamente, aunque, de mirarla a su rostro moreno, uno creería que era un angelito de Dios. Se declaró enamorada de mi ama de llaves y venía muchas veces a desayunar con nosotros, cuando nos encontraba en la cama abrazaba a mi dulce Dubois, pasando la mano sobre el cobertor para hacerle cosquillas, diciéndole al mismo tiempo que era su mujer y quería tener un hijo suyo.

Una mañana me pidió que le cediera mi lugar junto a la Dubois y, en menos que canta un gallo, se había desnudado y lanzado a sus brazos. Mi amor se echó a reír, y Sara, que en medio de la lid se las había arreglado para quitarse la camisa y retirar las sábanas, quedó expuesta a mis ojos sin tapadera alguna, mostrando al mismo tiempo todos los secretos de mi amante. Aquella vista inflamó mis deseos. Cerré la puerta e hice testigo de mi ardor hacia la mujer a la pequeña revoltosa. Sara estuvo observando todo con gran atención y supo representar su papel de asombrada con la mayor perfección. Cuando terminé me dijo con toda naturalidad que lo hiciera otra vez.

—No puedo, chiquilla, ¿no ves que estoy muerto?

—Pues tiene mucha gracia —exclamó. Y con todo candor se me acercó para tratar de hacerme revivir.

Una vez que lo logró, me dijo:

—Ahora, manos a la obra.

Yo hubiese obedecido, sin duda alguna, pero mi amor le advirtió:

—No, querida, ya que has logrado resucitarle, tienes que dejarlo morir otra vez.

—Me gustaría poder hacerlo —replicó—, pero no creo que tenga capacidad para ello.

Con estas palabras se colocó en una posición conveniente para demostrarme que estaba diciendo la verdad.

Imitando su candidez, me acerqué a ella, como si quisiese hacerle el favor, pero sin ir demasiado lejos. Sin embargo, al no encontrar resistencia, terminé mi maniobra sin que ella manifestase la más mínima señal de dolor ni se produjesen los accidentes del primer combate, sino, por el contrario, con todos los indicios del goce más cumplido. Me dominé lo suficiente para decir a mi ama de llaves que Sara me había otorgado lo que sólo se puede dar una vez, aunque estaba seguro de que no era así. Ella hizo como que me creía.

Un tiempo después, acompañé a la Dubois a Lausana, donde nos separamos, porque su madre vivía ahí, y fue a parar a su casa. Yo me marqué a Ginebra y me hospedé en el Hotel des Balances. Era el 20 de agosto de 1760. Me acerqué a la ventana, y en uno de los cristales emplomados leía aquellas palabras grabadas hacía tanto tiempo con la punta de un diamante: "Te olvidarás de Henriette". Mis pensamientos volaron trece años atrás y se me pusieron los pelos de punta. En aquella habitación nos habíamos dicho adiós, después de amarnos apasionadamente. Yo no había vuelto a oír hablar de ella. Ahora, en esta habitación, experimenté una enorme amargura y un gran vacío. Si hubiese sabido dónde estaba Henriette, hubiera ido en su busca.

Ana

Lancé una mirada en retrospectiva a mi vida y no me quedé satisfecho de lo que había sido de mí. ¿Dónde estaba aquel caballero de antaño, aquel hombre cumplido y constante, aquel hombre honrado y cabal? Pero lo que más me atemorizaba era que seguía, todavía con mayor veleidad, buscando nuevos cambios y nuevas aventuras. ¿Quería decir aquello que mi vitalidad se estaba agotando?

El objeto de mi visita a Ginebra era conocer a Voltaire, para lo cual llevaba varias cartas de presentación, que no podían dejar de causarle alguna impresión.

—Monsieur de Voltaire —le dije cuando nos presentaron—, éste es el momento más feliz de mi vida. He sido discípulo vuestro desde hace veinte años, y mi corazón rebosa de gozo al ver a mi maestro.

—Honradme con vuestra asistencia a mis cursos durante diez años —repuso el gran autor— y prometedme que al final me pagaréis la cuenta.

—Así lo haré —le contesté—, siempre que me prometáis esperarme.

Durante una semana estuvimos cambiando puntos de vista sobre literatura. Trataba él con muchos autores italianos, pero su criterio sobre algunos de ellos debería haber sido más riguroso.

Aquel hombre mundialmente célebre recibía constantemente visitas que lo escuchaban como a un maestro sin par. Era brillante, y él lo sabía. Tenía gran talento y su ilustración era asombrosa. Logré cautivar su consideración y respeto cuando le recité las treinta y seis estancias de Orlando el Furioso, de Ariosto; donde Orlando se enfurece mi emoción subió tanto de punto que mis ojos se llenaron de lágrimas, toda la concurrencia sollozaba; tanto Voltaire como su sobrina, Mme. Denis, me abrazaron.

En mi viaje de regreso a París me detuve en Grenoble, donde pensaba quedarme una semana. M. de Valenglard, para quien la marquesa d'Urfé me había dado una carta, me ofreció alojamiento en una espléndida casa de campo. Averigüé que al servicio de la mansión pertenecían tres preciosas muchachas y el cocinero era excelente; como las perspectivas me parecieron halagüeñas encargué la cena y me fui a un concierto con el atento M. de Valenglard.

Sólo una de las damas del auditorio atrajo mi atención. Era una hermosa morenita cuya elegante figura estaba vestida con sobria sencillez. Lanzó una mirada en dirección a mí pero luego se empeñó tenazmente en no volverme a mirar, lo que aumentó mi deseo de conocerla.

Cuando salimos del salón, mi anfitrión me presentó a su tía, quien nos invitó a cenar al día siguiente. Ya tenía el camino expedito para ponerme en contacto con la doncella que tanto me había interesado.

El cocinero de M. de Valenglard había preparado una opípara cena, que yo disfruté mucho. Cuando me retiré a mi habitación me encontré con una agradable sorpresa al ver que me esperaban las hijas del portero, Rosa y Manon. Mi criado Le Duc no estaba ahí, porque sabía muy bien que, cuando había en la casa muchachas bonitas, mientras menos lo viese mejor.

El sincero interés que sentían aquellos dos ángeles guardianes por atenderme y lo libre de sus maneras coquetas me convenció de que iba a merecer su confianza, por lo menos de momento. Me quitaron los zapatos y las medias, me arreglaron el pelo y me pusieron el camisón de dormir entre las dos. Yo me quedé dormido lleno de placenteros pensamientos. Estuve soñando toda la noche sueños felices y no se apartaba de mi imaginación la linda morenita del concierto.

Al día siguiente, mientras Rosa me afeitaba y Manon me peinaba, tuve el gusto de conocer a la prima de ellas, a la que básteme describir como galana, bonita... y útil.

Por la tarde me llevaron a la casa de la señorita del concierto, Mlle. Ana de Roman-Coupier. Tenía diecisiete años, su piel era como una superficie de raso blanco y brillante, enmarcado por la mata magnífica de su cabellera negra; tenía la boca pequeña, sus labios eran de un exquisito matiz rosa y sus pechos estaban bien formados y no eran excesivamente grandes. Mientras cenábamos se le cayó la servilleta y, cuando me apresuré a devolvérsela, le apreté amorosamente el muslo, sin que notase la más mínima muestra de desagrado en su semblante.

La noche siguiente organicé una cena en honor de Ana y sus tíos, resultando aquello un verdadero banquete en el que el cocinero dio muestras de ser un artista. Durante aquella cena me referí a mi habilidad para adivinar el futuro a base de levantar horóscopos. La tía se quedó intrigada, el tío reaccionó con escepticismo y la muchacha deslizó, al despedirse, un papelito con su fecha de nacimiento.

Seguí insinuándome a las muchachas de la casa, quienes tenían criterios distintos respecto al tema que verdaderamente me interesaba. Rosa era sumamente complicada. Manon resultaba de lo más susceptible, y la prima era muy ardorosa. Como entraban y salían por mis habitaciones con la libertad de la brisa, era difícil retener a una a solas sin ser interrumpidos, pero, por fin, la pequeña Manon y yo pudimos quedarnos sin testigos. La encontré más suave que un corderito y más enamorada que una paloma. Tuvimos suerte de que el episodio llegase a un desenlace feliz en el preciso momento en que ocurrió, porque instantes después entraba Rosa con mi criado para pedirme que los dejase bailar en una recepción que daba yo por la noche en las dependencias contiguas al jardín, en honor de la altanera Ana.

Después de cenar, me llevé a esta mujercita al jardín y la senté sobre mi rodilla, oprimiendo con mi mano izquierda sus deliciosos pechos y estampando besos ardientes en sus labios, que sólo abría para decirme que me calmase un poco. Cuando empezó la música, entramos en el salón, pero al poco tiempo el traje que llevaba encima me pareció un poco pesado para los pasos de la contradanza y, al terminar un rigodón particularmente movido, tenía tanto calor que subí a mi recámara a ponerme uno más ligero. Me estaba mudando cuando entró la descocada prima y me preguntó si necesitaba algo.

—Si... a ti, preciosidad —le contesté, estrechándola entre mis brazos.

—Dios santo, que estáis haciendo... ¡soltadme! ¡Puede venir alguien! Bueno, por lo menos apagad la luz.

La apagué, cerré la puerta y, como tenía la cabeza y el corazón lleno de Ana, la prima me encontró con tantos bríos y ardor como los que hubiese desplegado con la otra encantadora damita. Salimos de mi habitación por separado, volví al salón y estuve bailando hasta que se anunció la cena.

Luego seguí una vez más a la discreta Ana al jardín, pero mis elocuentes declaraciones no surtieron efecto. La estreché en mis brazos, la cubrí de ardorosos besos, pero ella no me correspondía y sus manos presentaban una resistencia cerrada a mis atrevidas incursiones hasta que, en una maniobra súbita, llegué al mismo pórtico del Templo de Venus y la sujeté de tal manera que le fue imposible luchar más. Pero me desarmó al suplicarme:

—Sed mi amigo, caballero, y no mi enemigo y la causa de mi ruina.

No hay hombre de sentimientos que no acceda a esa súplica, por lo cual regresamos al salón. Estuve sentado unos momentos solo en un rincón, y cuando pasó Rosa le dije que me trajera un refresco de limón. Me lo entregó y me reprendió finamente por no bailar con las tres muchachas.

—Estoy cansado —le dije—, pero si me prometes portarte bien, bailaré un minuet contigo.

—¿Portarme bien? ¿Cómo?

—Cuando veas bailando a tu hermana y a tu prima, vete a la alcoba y espérame ahí a oscuras.

—¿Y después bailareis conmigo?

—Te lo juro.

—Entonces me encontraréis en vuestro aposento.

La sentí apasionada y me produjo verdadera satisfacción. Para cumplir mi palabra esperé que llegase el minuet final, porque de otro modo me hubiese visto obligado a danzar con las otras dos, ya que les debía el mismo favor.

Al día siguiente, por la mañana, levanté el horóscopo de Ana con la esperanza de llevármela a París. Le vaticiné que se iba a convertir en "la amante de un señor", con lo que quería expresar que iba a ser la amante de Luis XV y madre de su hijo. Tratando de conseguir una decisión inmediata, mi profecía anunciaba que el rey debía verla antes de cumplir los dieciocho años, o su destino tomaría un sesgo diferente. Para dar autenticidad al documento, intercalé en él datos personales que había recogido de ella.

Cuando sus tíos lo leyeron, ella se quedó convencida, el escéptico tío lo creyó sólo a medias y la muchacha se preguntaba cómo iría a París. Le di ciento cincuenta luises, pero se negó a aceptarlos. Cuando me quedé solo con ella, volví a hacerle propuestas de amor, pero tampoco entonces me correspondió, aunque se quedó triste cuando le dije que tenía que abandonarla al día siguiente.

No podía resistir más tiempo a su lado. Estaba demasiado inflamado por su exuberante belleza. La dejé y me fui a mi habitación, donde encontré a la buena Manon sumamente ocupada con mis puños de encaje. Con ella pude hallar un escape a mi tumultuosa pasión, y una vez que ambos quedamos satisfechos y la linda muchacha se había ido, me quedé pensando que jamás adelantaría nada con Mlle. Ana a menos que me casase con ella. Después de darle muchas vueltas en la cabeza, triunfó el miedo obsesivo que sentía de perder mi libertad, y resolví dejar las cosas como estaban y marchar a París.

Cuando regresé a mi habitación aquella noche, me encontré a las tres ninfas reunidas. Aquello fue para mí un contratiempo, porque yo no quería más que a una. Expresé en un susurro mis deseos a Rosa mientras me arreglaba la cabellera, pero ella me contestó que era imposible, porque no podía regresar después, ya que todas dormían en la misma habitación. Comprendí que no se habían comunicado sus confidencias. Les desee una noche feliz y, en cuanto me vi en la cama, el dios de los sueños me cobijó bajo sus alas y me hizo pasar la noche con la imagen de mi adorable Ana.

Por la mañana encargué que nos preparasen una refacción para las tres y para mí, porque pensaba marcharme al caer la noche. Sin embargo, más tarde decidí aplazar mi viaje hasta el día siguiente. Además, estaba ya harto de andarme con misterios, porque quería solazarme con las tres. Decidí que la francachela debía celebrarse aquella noche, y les dije que si se comprometían a quedarse en mi habitación, no me marcharía hasta el día siguiente. Recibieron aquella proposición con risotadas, y mis esfuerzos por darles a entender que estaba hablando en serio fueron interrumpidos por el portero, que se presentó a aconsejarme que no viajara de noche, sino que me fuese la mañana siguiente en barco hasta Aviñón, embarcando mi carruaje.

—Lo haré —le contesté— siempre que estas chiquillas me acompañen toda la noche, porque me he propuesto no irme a la cama.

—Pues ése es asunto vuestro —contestó, echándose a reír.

Con aquello, las mujercitas se decidieron a quedarse conmigo. El hombre despachó a alguien para fletar el barco y nos prometió una cena sabrosa a media noche. El tiempo volvió a pasar entre bromas y fiestas y, cuando nos sentamos a cenar, destapé sonoramente las botellas de champagne y las muchachas empezaron a aturdirse. Yo mismo me sentí más alegre y acabé por decirles sin rodeos que sus escrúpulos eran ridículos, ya que las tres me habían tratado sin reservas ni disimulos en privado.

Al oír esto, se miraron con expresión de manifiesta sorpresa y hasta de indignación y protesta. Inclusive llegaron a negarlo al principio. Sin hacer caso de su hipocresía, coloqué a Manon sobre mis rodillas y la abracé con tal vehemencia que pronto se abandonó a mis caricias. Su ejemplo sirvió para dar al traste con las dudas de las otras dos, y durante cinco horas estuvimos explorando los más escondidos recovecos y entregándonos a todo género de voluptuosidades. Luego todos teníamos necesidad de descansar, pero, desgraciadamente, ya me estaba esperando el carruaje y la embarcación, por lo que tuve que marcharme.

Rosalía

En Aviñón requerí los servicios de un tal Gaetano Costa, de Parma, para que atendiese mis asuntos como secretario, y juntos salimos de Aviñón al día siguiente, con rumbo a Marsella.

La confusión de nacionalidades en aquel bullicioso puerto de mar, los turcos graves, los joviales andaluces, los elegantes franceses, los corpulentos africanos, los astutos griegos y los inexpresivos holandeses, todos y todo me recordaban Venecia.

En el teatro vi que los palcos estaban sólo ocupados por hermosas mujeres a las que visitaban en los intermedios los hombres que tenían cita con ellas. Cené con una de aquellas damas, pero me pareció más a mi gusto su doncellita, que era una chica llena de candor. Arreglé las cosas para verme con ella al día siguiente en casa de su madre. Cuando llegué, esta mujer, que era una honrada lavandera, me echó con un griterío tal que se formó un grupo y me hubieran despedazado si no me refugio a toda prisa en una iglesia cercana. Una vez de vuelta en mi hotel me encontré esperándome a la muchacha, que se llamaba Rosalía. Su madre también la había echado de la casa, así que le conseguí alojamiento en una buhardilla respetable.

Rosalía era casi doncella, apenas había pasado una noche de amor con un joven mercader genovés, después de haberse enamorado de él. Ella me pidió que la aceptase como criada, asegurándome que haría todo cuanto le mandase.

Me quedé contemplando a aquella seductora belleza de quince años. Sus encantos no dejaban nada que desear y estaba dotada de las cualidades que el hombre más codicia de la mujer.

—Serás mi amante —le dije—, y mi servidumbre te respetará tanto como si fueras mi esposa.

Me agradaba mucho educar a aquella jovencita y, cuando su mente se instruyó debidamente, vi que podía ser una mujer perfecta. Era cariñosa y tierna, y aprendía muy aprisa. Me encantaba la adoración de que me hacía objeto y las caricias que me prodigaba. Llegué a olvidarme de todo, pero el momento fugaz es la realidad única de la vida.

Me dirigí a Tolón con mi carruaje y cuatro caballos de posta. Llegamos allá esa misma noche. Cuantos nos encontrábamos trataban a Rosalía con todo respeto. Al día siguiente alquilé un falucho que me llevase a Génova, dejando a buen recaudo mi carruaje hasta la vuelta.

Pasé varios días traduciendo al italiano *L'Ecossaise* de Voltaire, para que se pudiese representar en Génova; hice que la copiasen y se la llevé a Rossi, que era un empresario teatral, mencionando a los actores que me gustaban. Los invité a cenar conmigo en la posada. Todos querían saber qué papel iban a representar, pero, primero, les hice escuchar atentamente toda la obra. Sabía que había actores indiferentes o vagos, a quienes no interesa más que su propio papel, lo cual hace que, aunque la obra esté bien representada por cada uno de los personajes, resulta mal en conjunto.

La comedia se representó cinco noches con lleno absoluto, y lo mejor de la sociedad de Génova me levantó por las nubes. Un amigo mío, de Ginebra, a quien envié mi traducción, se la mostró a Voltaire, quien la consideró mala. Mi amor propio se sintió tan herido que me convertí en enemigo jurado del gran escritor, injuriándolo en público lo más que pude. Ahora estimo que, aunque mis obras sobrevivan, estas débiles pullas mías no hieren a nadie más que a mí mismo. La posteridad me colocará entre aquellos cuya impotencia los hizo atacar a este gran hombre a quien tanto debe la civilización.

Rosalía estaba esperando un niño. No sabía si era mío o del joven comerciante genovés que la sedujo primero y que luego la volvió a encontrar y estaba loco por casarse con ella. La solución que encontró fue meterse a un convento hasta que llegase la criatura, para determinar si era suya o mía. Así lo hizo, y aunque aquello no pudo aclarase, Rosalía se convirtió en la señora Petri.

Leonilda Giacomina

Mi rival colocó en mi camino, con objeto de que me olvidase de Rosalía, a su costurera y profesora de italiano, llamada Verónica. Era una muchacha muy bonita, pero, cuando Rosalía se metió en el convento, la madre de la costurerita me mandó a Anita, hermana suya, más pequeña, para que durmiese con ella en mis habitaciones, porque no dijese la gente. Su pelo y sus pestañas eran de oro pálido, y casi más bonitas que su piel, que era extraordinariamente delicada. Era corta de vista, pero sus grandes ojos de azul pálido eran una maravilla de hermosura. Tenía la más minúscula boquita que imaginarse pueda, pero sus dientes, aunque regulares, no eran tan blancos como su piel. Sin embargo, a pesar de este defecto, Anita era bella.

Mientras ponía yo los ojos en la hermana mayor, que no se mostraba muy propicia a corresponderme, la más pequeña caía en mis brazos y en mi lecho.

Finalmente me decidí a seguir mi viaje y llegué a Pisa, donde compre un vehículo de viaje a un inglés. Al llegar a Florencia tomé un palco en la ópera y mi sorpresa fue mayúscula, pues fácilmente reconocí en la *prima donna* a Teresa, la falsa Bellino, a quien dejé en Rimini diecisiete años antes. En cuanto terminó la representación me lancé a su camerino. Al encontrarnos le tomé la mano y me la llevé al corazón.

—Observa en este corazón palpitante los sentimientos que me invaden.

—Cuando te vi en el palco creí que iba a perder el sentido. Es una lástima que esté comprometida para la cena.

No voy a poder cerrar los ojos en toda la noche, te esperaré a las ocho de la mañana. Adiós y hasta mañana, a las siete.

Primero había dicho a las ocho, pero una hora antes era mejor. Regresé a mi hotel, hice las averiguaciones sobre dónde vivía y muy temprano estaba frente a la puerta de la mujer que amé apasionadamente.

Me salió a recibir su marido, pero antes de que nos presentásemos mutuamente se lanzó Teresa a la habitación con los brazos abiertos. Nos besamos una y otra vez y, diciendo a su marido que se sentase, me llevó hasta un sofá y se deshizo en tierno llanto. Me contagió, pero mis lágrimas eran de felicidad y me brotaron entre besos y abrazos. Por fin nos separamos, nos secamos los ojos y miramos al marido, de quien nos habíamos olvidado totalmente. Él estaba en una actitud de absoluto asombro, y terminamos rompiendo a reír. Entonces le dijo:

—Querido mío, ante ti tienes a mi padre.

—¿Tu padre has dicho?

Teresa perecía joven, pero yo sólo le llevaba dos años.

—No, es más que mi padre, porque a él le debo todo.

De nuevo el marido se me quedó mirando y yo le expliqué:

—Sí, señor, vuestra Teresa es hija mía, hermana mía, querida amiga mía. Es un ángel. Tenéis un tesoro por esposa.

—Ya, ya lo sé —dijo él.

—Me he casado con él hace dos meses —dijo Teresa—. Espero que seas tan amigo suyo como mío.

Al oír aquello me levanté y le di un abrazo a su marido. Él lo recibió de buen grado, pero un tanto aturdido. Teresa leyó en sus ojos que estaba pensando y se acercó a besarlo con todo cariño, cosa que a mí no me supo bien porque sentía arder dentro el antiguo amor con vehemencia renovada.

Teresa dijo que acaso me gustase saborear un chocolate de los que tan soberbiamente preparaba su marido. Le repliqué que aquél era precisamente mi desayuno favorito, con lo que el hombre se retiró a hacerlo. Había llegado nuestro momento. En cuanto nos vimos solos, Teresa se lanzó en mis brazos, con el rostro tan radiante de amor que mi pluma no es capaz de describir.

—¡Oh, amor mío, a quien adoraré toda mi vida, apriétame contra tu pecho! ¡Abracémonos cien veces este día venturoso, aunque no volvamos nunca a repetirlo, porque el destino me ha hecho esposa de otro! Mañana seremos como hermanos, pero hoy nos compartiremos como amantes.

No había terminado de pronunciar estas arrebatadas palabras, cuando mi felicidad se vio consumada. Nuestros transportes de amor fueron mutuos y los renovamos una y otra vez durante la media hora que tardó el marido en prepararnos el chocolate, sin que perturbase en nuestros arrobos el miedo a ser descubiertos.

Esa noche fui invitado a cenar, y acudieron muchos personajes, entre ellos una joven boloñesa llamada Corticelli, una linda bailarina de brazos apetitosos y un abate rechoncho en quien reconocí a Gama el que estaba, hacía diecisiete años, con el cardenal Acquaviva en Roma. Mientras conversábamos absorbió toda mi atención un muchacho de quince o dieciséis años, tan desarrollado como son los italianos a dicha edad, él saludó con atención a los presentes, besando después a Teresa. Yo era el único que no sabía quién era, pero no el único que quedó sorprendido. La audaz Teresa me lo presentó con perfecta naturalidad.

—Aquí tienes a mi hermano.

Comprendí enseguida que Teresa estaba mintiendo, no era su hermano sino su hijo; y, dicho sea de paso, mi hijo también. Era mi retrato viviente.

En cuanto nos vimos solos, la abracé apasionadamente y la felicité por tener un hermano tan apuesto.

—Adorado mío, es el fruto de nuestros amores. Es tu hijo. Me hace feliz y él lo es también.

—Y yo, amada Teresa. Habrás podido observar que lo reconocí enseguida.

Aquella misma noche, más tarde, Cesarino, que así se llamaba, se sentó al clavicordio y comenzó a ejecutar diversas piezas con verdadero gusto y destreza, y luego empezó a cantar aires napolitanos que nos hicieron reír. Teresa pasaba su mirada del uno al otro, pero de vez en cuando abrazaba a su marido diciendo que la felicidad radica en el amor. Pensé entonces, como lo pienso ahora, que aquel día fue uno de los más felices de mi vida.

La Corticelli era el único consuelo que me quedaba después de aquellos momentos, y aún hoy mismo no soy capaz de comprender cómo me enamoré de ella, porque no pasaba de los trece años y parecía tener sólo diez. Era vivaracha, animada y más blanca de lo que suele ser una mujer italiana, pero, de no haberme visto rodeado de virtud, no me hubiese dirigido a la pequeña criatura.

Tuve que salir de Florencia por una complicación que tuve en el cambio de dinero, de la que me hizo culpable uno que se hacía pasar por noble ruso. Aunque no tuviese nada que ver con la transacción, el jefe de policía me declaró persona *non grata* y me marché a Roma, donde llegué treinta y seis horas después.

Me hospedé en la Plaza de España, en La Ville de Paris, que era el mejor hotel de la ciudad. En seguida fui a visitar a mi hermano Juan, a quien no veía desde hacía diez años. Hicimos los trámites para que pudiese visitar al papa Clemente XIII, quien me trató con cordialidad. "En prueba del amor que os profesamos", me concedió la Orden de la Espada de Oro, sin que tuviese que pagar los derechos acostumbrados.

Mientras estuve en Roma conocí a una muchacha pobre, pero hermosa, llamada Marucha, a quien su madre guardaba celosamente. Aquella alta y esbelta joven, que parecía una roda blanca y cuya figura encendía el más ardoroso deseo, acababa de cumplir los dieciocho años, pero hasta entonces había escapado al ojo de los peritos. Cuando estuve a solas con ella logré concertar una cita para que nos viéramos en al iglesia al día siguiente. De ahí nos fuimos a las ruinas de un palacio abandonado donde le declaré mi amor, a lo que ella respondió expresándome sus deseos de hacerme feliz. Para hacerla yo feliz a mi vez, le entregué ciertas cantidades de dinero a su confesor, con objeto de que tuviese una dote para casarse con un joven peluquero que deseaba abrir un establecimiento.

Alquilé una habitación en una calle próxima a la iglesia y nos reunimos como habíamos proyectado. Allí fue mía. Era como una Venus surgiendo del mar. Consumé el más dulce de los sacrificios, y ella se incorporó a las ceremonias en cuanto las entendió. Sólo el reloj que la llamaba a su casa pudo interrumpir nuestro ritual. No sé cuánto habrá durado. Antes de separarnos me dio las gracias por lo que había hecho y me suplicó que creyese que, a pesar de su pobreza, se había entregado sólo por amor.

Entré en la lotería de Roma y gané mil quinientas coronas romanas, por lo cual resolví pasar quince días en Nápoles. No voy a intentar describir las alegrías y la ventura que experimenté al volver a aquella ciudad.

Hice una visita al duque de Matalone, según le prometí muchas veces en París. Me recibió con un fuerte abrazo y me presentó a su esposa, hija del duque de Bovino, prometiéndome presentarme también a su querida.

—Sí, tengo una querida, pero sólo para cubrir las apariencias. Estoy verdaderamente enamorado de mi mujer. Ella no se opone a esas relaciones, porque no puede sentir celos, ya que soy impotente... Bueno, excepto con ella, como comprenderéis.

Aquella noche, al resplandor del teatro de la ópera y mientras la flor y nata de aquella maravillosa ciudad conversaba y murmuraba alegremente, el duque me presentó a Leonilda, su amante oficial. Cuando una mujer es bonita, uno cae en la cuenta de sus encantos inmediatamente.

Aquella era de una belleza sencillamente abrumadora. Sonreí y miré al duque, el cual me había dicho que la quería como se quiere a una hija, y me repitió que la tenía únicamente por cubrir las apariencias.

Leonilda no pasaba de los diecisiete años y era tan bonita como podría exigir el mejor *connoiseur*. A su lado, la ópera que duró cinco horas pasó para mí en un momento.

Al día siguiente, por la mañana, el duque me envió un paje pare decirme que, si quería ir con él para besar la mano del rey, tenía que vestirme de gala. Me puse un traje de terciopelo rosa con lentejuelas doradas, y tuve el gran honor de besar la pequeña mano cubierta de sabañones de un niño de nueve años.

Los días que siguieron apenas pude pensar en otra cosa que en Leonilda. Las seductoras facciones de aquella muchacha no dejaban de figurárseme un tanto familiares, aunque no podía recordar a qué mujer se parecía. Era una verdadera beldad, pero lo que más me causaba admiración eran sus gestos exquisitos y aristocráticos con los que acompañaba lo que iba diciendo.

Por fin, sintiéndome totalmente embrujado por aquella damita, dije al duque que no volvería a ver a su amante, si no me la cedía, prometiéndome que me casaría con ella y le daría una dote de cinco mil ducados.

—Hablad con ella, y si no se opone, tampoco tendré yo inconveniente.

En ese tenor, fui a verla.

—Mi querida Leonilda, el afecto que siento por vos no admite demora ni rivales, ni tolera la menos inconstancia. He dicho al duque que estoy dispuesto a unirme con vos en matrimonio

—Entonces nos marcharemos de Nápoles en cuanto termine la ceremonia.

Aquella noche hice saltar la banca del faro.

Redactamos un contrato matrimonial, y el duque mandó a buscar a la madre de Leonila, que vivía a poca distancia, para que lo firmase y le diese su bendición. Desde entonces me tuve por hombre casado. Por lo que proyectamos partir a Roma el lunes siguiente.

Fui por al noche y encontré al duque, a Leonilda y a su madre esperándome. En cuanto me vio su madre, lanzó un grito y se hundió en un sillón, a punto de desmayarse. Clavé mis ojos en ella y exclamé:

—¡Lucrecia!

—Tranquilicémonos, mi querido amigo. Ven y siéntate a mi lado. ¿Conque, según me dicen, vas a casarte con mi hija?

Me senté y me lo sospeché todo. Se me pusieron los pelos de punta y quedé en el más profundo y triste silencio. No puede describirse el asombro y la estupefacción de Leonilda y del duque. Yo estaba concentrado en tratar de calcular la edad de la muchacha, recordando la fecha en que tuve relaciones íntimas con Lucrecia. Me la llevé a la próxima habitación y me lo contó todo. Aquella muchacha era mi hija. Se llamaba Leonilda Giacomina.

La idea de que te cases con ella me horripila, pero no puedo oponerme. Me da vergüenza decirte la razón. ¿La has llevado por adelantado al tálamo nupcial?

—No, querida Lucrecia, tu hija es pura como una azucena.

—¡Menos mal, ya vuelvo a respirar!

—Sí, pero mi corazón está despedazado.

Explicamos a los demás lo que ocurría y todos nos pusimos a llorar. Pasé una noche insomne y sombría, quedándome dormido cuando ya casi estaba amaneciendo. Me levanté agotado como el libertino que ha pasado una noche de desenfreno. El duque hizo lo posible por consolarme, indicándome que la madre era tan bonita como la hija. Aquella observación me devolvió el seso. Volvimos a visitarlas y Leonilda me abrazó y me besó diciéndome "¡querido papá!". La memoria de mi antiguo amor despertó tales deseos en mí que, una vez que estuvimos a solas,

Lucrecia y yo nos entregamos a los transportes del amor, que es la única fuente profunda de la naturaleza. Cuando volvió Leonilda, después de la ópera, se quedó con nosotros toda la noche. Después de insistir en que se quedase Leonilda con los cinco mil ducados en concepto de dote para su futuro matrimonio, regresé a Roma.

Hedvig y Helen

En la Ciudad Santa tuve otra cita con Marucha. Con todo gusto nos hubiéramos puesto a hablar, pero como sólo teníamos una noche, empezamos a quitarnos la ropa. Después del último beso que sirvió de comienzo al tercer encuentro, me dijo que iba a casarse el martes de carnaval y se las arregló para pasar cuatro horas conmigo el domingo anterior a su boda.

"Todo el día estuvo dando pruebas de su docilidad..."

A las siete de la mañana del domingo estábamos ya el uno en brazos del otro, con cuatro horas por delante. Transcurrieron fugazmente, después de la sexta canción quedamos aturdidos, pero no hartos. Nos separamos con lágrimas en los ojos y juramos amarnos para siempre, pero, a partir de aquel momento, como dos hermanos. Me prometió que si del escarceo de la mañana resultaba un hijo, se llamaría como yo.

Fui a Florencia, pero no anduve perdiendo el tiempo, porque seguía todavía el rescoldo de la antigua llama levantada por la policía. Me detuve el tiempo suficiente para encontrar a la divertida Corticelli, subirla a coche y comenzar de nuevo a toda prisa.

—¿A dónde vamos? —me preguntó.

—A Bolonia.

—¿Y qué dirá mamá, a la que habéis enviado para que nos traiga la cena?

—He dado instrucciones a los criados para que nos traigan mañana a tu mamá y a tu hermano.

Le gustó aquel chiste y comenzó a reírse mientras trasponíamos las puertas de la ciudad.

Seguimos hasta el mesón de postas llamado "El Burro Descargado" y, después de una excelente comida, nos entregamos al sueño hasta la mañana siguiente. Tuvimos unos cuantos momentos de placer, pero fue cosa de poco peso por lo que no merece la pena hablar de ello. Cuando su familia nos alcanzó, estábamos a las puertas de Bolonia, donde pasé una semana gozando de una serie de placeres que recordaría toda mi vida. Mi disoluta compañerita tenía una porción considerable de amigas, todas bonitas y diferentes. Hay muchas ciudades en Italia donde uno puede encontrar todos los placeres que se venden en Bolonia, pero en ninguna parte son tan baratos, tan fáciles de encontrar y tan libres de gozar.

Hacia mediados de Cuaresma, la Corticelli fue a Praga a cumplir una promesa. Yo pasé por Módena y Parma de viaje a Turín, donde iba a encontrarme con el abate Gama, quien estaba tratando de conseguirme la representación de Portugal, su patria, en el Congreso de Absburgo.

En Turín me enamorisqué de una preciosa e inexpugnable judía, llamada Lía, que era hija de un famoso tratante de caballos, quien me vendió uno de montar para regalárselo a la muchacha. Las proporciones de la muchacha me cautivaron. Invité a padre e hija a pasar unos cuantos días en una casa que había alquilado y logré tomar posesión de Lía después de no pocas escaramuzas y derrotas sufridas por mano de ella.

Todo el día me estuvo dando pruebas de su docilidad y amor, hasta que por la noche el padre dijo que parecía bastante fatigada.

Desde Turín, en camino a Absburgo, me detuve en Chambéry, desde ahí me fui a Lyon, y a los tres días de haber salido de aquella ciudad, estaba en París, donde fui recibido por la marquesa d'Urfé.

Me abrió los brazos y, como seguía todavía con la idea de convertirse en hombre y aprender todos los secretos de la Rosa Cruz, le dije que no podía hacerse la operación hasta que saliese de los calabozos de la Inquisición en Lisboa uno de los tres jefes de la Fraternidad, llamado Querilinth.

—A eso es a lo que voy a Absburgo, donde pienso hablar con el conde de Stormont, con el pretexto de evacuar una misión que me ha confiado el gobierno portugués. Necesitaré una buena carta de crédito, relojes y cajas de rapé para regalos, porque tenemos que conquistarnos algunos profanos.

Le dije que, entre tanto, debería quedarme en París una quincena para echar por tierra un proyecto de Saint Germain. No tenía la menor idea de que estuviese a menos de cien millas, pero esa misma tarde lo vi en el bosque de Bolonia.

Preparé una entrevista con Ana Roman-Coupier, en casa de su tía, y me recibió con las mayores muestras de afecto.

El horóscopo que había levantado para ella resultó veraz, aunque comprendí que no era feliz, a pesar de los diamantes, de los encajes, de la suntuosa residencia, de los carruajes ostentosos, del hermoso jardín y de la copiosa servidumbre con que contaba. Todos los días acudía la gente a pedirle favores y mercedes del rey, pero ella no se atrevía a molestar a Su Majestad con aquellas peticiones. Así, pues, mi profecía se había cumplido, porque la gente lo creía y se completaba en conformidad con aquella convicción. Para remate estaba esperando un hijo, que se había de llamar Luis Amado de Borbón, y que murió cuando tenía veinte años. Creo que hubiese tenido una vida más feliz si, en lugar de dedicarme a hacerle el horóscopo, me hubiese casado con ella.

Otro de mis antiguos amores estaba también en París. Una noche, en casa de la esposa del pintor Carl Vanloo, me dijeron que la hermana de mi amigo Baletti, Manon, a quien yo había amado profundamente, iba a acudir también a la cena. Me retiré inmediatamente porque era hombre de honor y no quería verme con ella bajo el mismo techo. Los Blondel supieron apreciar mi delicadeza. Tenían hecho un extraño convenio: ella vivía en una casa de la Rue Neuve-des-Petits-Champs y él en el Louvre, y cenaban juntos todas las noches.

—Pues sí que es una forma bonita de vivir —comenté.

—Os aseguro que da muy buenos resultados; Blondel afirma que así se mantiene viva la llama del amor. Dice que nunca ha tenido una amante que mereciese ser su esposa, y ahora está encantado de tener una esposa que merece ser su amante.

Me enteré de que mi bella calcetera, madame Baret, se había escapado con M. de Langlade, y que su marido estaba inconsolable. La encontré años más tarde en Rusia.

Salí de París a toda prisa porque tuve complicaciones con un tipo tramposo. En consecuencia, madame d'Urfé hubo de mandarme los regalos y el dinero a Absburgo, con mi criado Costa. Pero no me llegaron porque la tentación era muy grande para aquel rufián y se fugó con todo.

En Estrasburgo me entendí con una bailarina apodada La Renard, a la que había admirado en Dresde hacía ocho años. Aunque alquilamos una casa con jardín en Absburgo, para anticiparnos al Congreso, me convenció, ya que todavía no aparecía ninguno de los asambleístas, de que la llevase a Munich, porque quería vender ahí algunos diamantes.

Durante las cuatro semanas fatales que estuve en aquella ciudad, jugué y perdí todo mi dinero, empeñé joyas (que no pude redimir) por valor de cincuenta mil francos y, finalmente, dejé allí mi salud. Mi asesina fue La Renard. No soy capaz todavía de entender qué fue de mi cabeza para dejarme engañar tan miserablemente y renovar cada día el veneno que aquella serpiente inoculaba en mis venas. No me dejaba ir a ningún médico mientras estuvimos en Munich, porque todo mundo sabía que estábamos viviendo juntos y un rumor de enfermedad la hubiese desprestigiado.

Me separé de aquella arpía y me fui a Absburgo, donde por poco me mata un ignorante galeno al tratar de curarme del regalo que me dejó aquella pécora.

Para recuperar mi salud hube de pasar dos meses y medio de dieta rigurosísima entre los dolores más insoportables. Por entonces me enteré del robo de Costa, pero afortunadamente Mme. d'Urfé no libró a su favor una letra de cambio por valor de cincuenta mil francos y el dinero rescatado me sacó del estado lamentable a que me había reducido mi ligereza.

A fines de septiembre, cuando todo el mundo sabía que el Congreso no iba a celebrarse, La Renard pasó por Absburgo, camino de París. No se atrevió a presentárseme porque temía que la obligase a devolverme mis pertenencias, de las que se había apoderado sin decir palabra. Cuatro o cinco años después, se casó con el joyero Böhmer, quien después se complicó, junto con el cardenal de Rohan y el charlatán Cagliostro, en el asunto del famoso collar que el cardenal comprara al joyero para María Antonieta. Aquel escándalo fue la piedrecita que desencadenó la avalancha conocida con el nombre de Revolución Francesa.

Recuperé totalmente mi salud y empecé a divertirme de nuevo. Tenía una cocinera, llamada Ana Midel, que había estado sin trabajo durante mucho tiempo y que ahora se esmeraba con verdadero interés en saciar mi hambre voraz. La bella hija del casero, llamada Gertrudis, estaba pasmada del tremendo apetito con el que devoraba. Las dos eran bonitas y jóvenes, por lo cual me enamoré de las dos al mismo tiempo, comuniqué a ambas mis deseos y las conquisté a la vez. Me había parecido que, si las atacaba por separado, no iba a conseguir a ninguna de ellas y, además, veía que no tenía mucho tiempo que perder, porque había prometido a madame d'Urfé cenar con ella la primera noche de 1761.

Una mañana me despertaron y me entregaron un citatorio para comparecer ante el alcalde de Absburgo.

—Os llamáis Caballero de Seingalt. ¿Cómo es que lleváis ese nombre falso? —me preguntó.

—No es un nombre falso, podéis preguntárselo a Carli, el banquero que me pagó cincuenta mil florines.

—Ya lo sé, pero si vuestro nombre es Casanova, ¿por qué os llamáis Seingalt?

—He adoptado este apellido porque me pertenece y, si alguien se atreviese a usurpármelo, reclamaría su propiedad por todos los medios posibles.

—¡Ah! ¿Y cómo es que ese apellido os pertenece?

—Porque lo he inventado, pero eso no quiere decir que no sea también Casanova.

—Señor, tenéis que elegir entre Casanova y Seingalt, Un hombre no puede llevar dos apellidos.

—Pues los españoles y los portugueses tienen con frecuencia hasta media docena de ellos.

—Pero vos no sois ni español ni portugués. Sois italiano y, además, ¿creéis que uno puede inventarse los apellidos?

—Es la cosa más sencilla del mundo, porque el alfabeto pertenece por igual a todo el género humano, eso no hay quien lo niegue. Yo me he limitado a escoger ocho letras y las he combinado de tal manera que forman la palabra Seingalt. Me gustó y la he adoptado de sobrenombre, porque estoy firmemente persuadido de que, como no ha nacido nadie con él, nadie me lo arrebatará ni lo usará sin mi permiso.

—Eso es una idea muy rara, vuestros argumentos carecen de fundamento, porque vuestro nombre debe ser el de vuestro padre.

—Creo que os equivocáis en ese punto; vos lleváis el apellido que tenéis porque vuestro padre lo llevó antes, pero no ha existido desde la eternidad. Tuvo que haber sido inventado por algún antepasado vuestro que no lo pudo heredar de su padre, porque, de no ser así, os estarías llamando Adán.

—Debo admitirlo, pero todo esto es extraño, sumamente extraño.

—De nuevo os equivocáis. Es una costumbre muy antigua, y os emplazo para que mañana veáis una larga lista de apellidos inventados por personas honorables que viven todavía, a quienes se les permite ostentar sus nombres tranquila y pacíficamente, sin que se les cite al ayuntamiento para explicarlos.

—Pero admitiréis que hay leyes para los apellidos falsos, ¿verdad?

—Sí, pero repito que éste es mi verdadero apellido. El vuestro, que acato aunque no lo conozco, no puede ser más auténticamente vuestro que el mío, porque es posible que no seáis hijo del caballero que consideráis vuestro padre.

Se sonrió, se encogió de hombros y me mandó salir.

Salí de Absburgo a mediados de diciembre y llegué a París el último día del año de 1760. Inmediatamente fui a la casa en que mi buen ángel, Mme. d'Urfé, me había decorado con la mayor elegancia unas cuantas habitaciones. Pasé tres semanas viéndome constantemente con la honorable dama, para convencerla de que el único motivo por el que había regresado a París era cumplir mi palabra para que se convirtiese en hombre.

Después de rendir culto a los siete planetas patrones de los días de la semana, tenía que buscar una virgen, hija de un adepto a la que debía fecundar para que tuviese un hijo varón de la manera que sólo conoce la Fraternidad de los Rosacruces. Mme. d'Urfé tenía que recibir al niño en sus brazos en el mismo momento en que naciese y guardarlo en su cama durante siete días. Al final de aquel período moriría con los labios puestos en el niño, el cual recibiría su alma.

Yo corría con la responsabilidad de cuidar de la criatura, y al tercer año, madame d'Urfé empezaría a recobrar la conciencia de sí misma y yo a iniciar al niño en el conocimiento perfecto de la Gran Obra y de los misterios más profundos del más elevado misticismo.

Según lo revelado en las adivinaciones, la operación debía realizarse en la luna llena y entre abril y junio, y Mme. d'Urfé tenía que otorgar testamento a favor del niño, cuyo guardián iba a ser yo hasta que cumpliese los trece años.

Aquella divina loca no tenía la menor duda de la verdad de todo este oráculo y, ardiendo en impaciencia por ver a la virgen que estaba destinada a ser la nave de su reencarnación, pasaba los días concentrada en su futuro estado. Yo abrigaba la esperanza, merced al estilo y forma en que había hecho mi conjuro, de que desistiría de aquello ante la perspectiva de la muerte, porque creía en el amor natural que el hombre siente a la vida. Suponía que, por lo menos, aplazaría indefinidamente la operación. Pero madame d'Urfé tenía verdadera hambre de morir y renacer. Me encontraba comprometido a buscar a la misteriosa virgen y, pensando en alguna picaruela que quisiese contribuir al engaño, me acordé de la Corticelli, que había estado en Praga los últimos nueve meses. Le escribí y la cité en Metz, diciéndole que le esperaba una verdadera fortuna. Mme. d'Urfé me firmó una carta de crédito y otras de presentación para amigos poderosos, entregándome, además, regalos para la supuesta virgen.

Mientras esperaba en Metz que llegase, me encapriché de una cantante de ópera cómica que se llamaba Ratón, quien dijo tener quince años, según la costumbre de las actrices que siempre se quitan por lo menos dos o tres. Era muy atractiva, pero no precisamente hermosa. Sin embargo, lo que principalmente excitó en ella mis deseos era que había puesto a su doncellez el precio de veinticinco luises. Yo podía pasar la noche con ella y hacer la prueba por un luis. Los veinticinco debía pagarlos sólo después de la realización de la Gran Obra.

Había muchos oficiales y abogados jóvenes que emprendieron infructuosamente la operación desde que ella los desafió a realizarla. Aquello era bastante para espolear mi curiosidad. Cerramos el trato, Ratón fue a cenar a casa de su tía, quien se fue a la cama, que estaba en la habitación contigua, y nos sirvieron el postre, quedando después solos.

La muchacha tenía una figura exquisita. Era buena, pero me desafió a que con-

"La muchacha era buena, pero me desafío..."

quistase lo que ya otros habían asaltado en vano. Aquello me divertía mucho, porque sus amantes habían sido franceses, más hábiles en el asalto que en el triunfo sobre los ardides de una joven. Yo era italiano y entendía de aquello, por lo cual no me cabía duda alguna de mi victoria. Sin embargo, en cuanto Ratón adivinó, a juzgar por mi estilo de ataque, que no le iban a valer las mañas, me dejó a medias y descubrí que no era aquel su primer trance. Cuando le prometí guardarme el secreto, su ardor corrió parejo con el mío. No necesitaba darle los veinticinco luises, pero me quedé tan satisfecho y me importaban tan poco las virginidades, que la compensé como si hubiese sido el primer afortunado.

Me quedé con Ratón, a luis por día, hasta que llegase la Corticelli. Cuando la vi observé que había mejorado mucho. Se había desarrollado y sus agradables maneras la convertían en una damita encantadora. Nos fuimos a Nancy, donde estuve doce días instruyéndola en el papel que tenía que desempeñar y, tras amenazar a la madre de regresarla a Bolonia, logré convencerla de que hiciera de tutora de su hija. A Mme. d'Urfé le escribí que había encontrado a nuestra virgen, último vástago de la dinastía Lascaris, que reinara un día en Constantinopla.

La marquesa nos esperaba en Pont-Carré, viejo castillo de su propiedad, situado a cuatro leguas de París. Estaba bajado el puente levadizo y toda su servidumbre la rodeaba. Corticelli no se sonrió siquiera, aunque todo aquello debió excitar su hilaridad.

Cuando llegó el plenilunio todo estaba presto para la delicada ceremonia. A la hora indicada llegó madame d'Urfé con la virgen Lascaris, la desvistió y, cuando la joven condesa se sentó junto a mí, se quedó para presenciar una operación que había de traer por consecuencia el que ella renaciese al cabo de nueve meses. El acto se consumó de tal manera que no podía quedar duda de ningún género, y luego Mme. d'Urfé nos dejó solos para que pasáramos juntos el resto de la noche, que, por cierto, estuvo bien empleada.

Cuando pregunté al oráculo si había concebido la condesa de Lascaris, como tenía que ser, ya que yo no había escatimado esfuerzo alguno para lograrlo, la contestación fue que la operación había fallado, debido a que el pequeño conde de Aranda, hijo de Teresa Imer, había estado fisgando detrás de la escena, escondido. Mme. d'Urfé estaba desesperada, pero la consolé con otro mensaje del oráculo en que se nos indicaba que debíamos celebrar otra ceremonia fuera de Francia en el mes de mayo, y que el condesito tenía que ser enviado a un lugar a cien leguas de París por un año.

Todo aquello se hizo por una razón, porque Corticelli quería ganarse al muchacho, y la ramera de su madre estaba ayudando a la intriga. El chico, que no sabía nada de los que estaba ocurriendo, fue mandado a Lyon, y marchó encantado de hacer un viaje. Mientras tanto, nosotros nos instalamos en Aquisgrán para intentar de nuevo la misteriosa operación, pero la Corticelli se enojó de que le llevásemos la contraria y desde entonces se convirtió en enemiga mía. Durante el viaje se comportó de manera descortés y, cuando Mme. d'Urfé la presentó en un baile cortesano de Aquisgrán, bailó con tal arte que yo temía que la gente descubriese a la corista debajo de la condesa. Me enfureció tanto su insolencia conmigo que empecé a preparar la manera de prescindir de ella.

Cuando la marquesa le regaló un cofre de joyas que valía sesenta mil francos, me apoderé de él para impedir que se escapase por la noche. Cuando se puso a fingir que tenía convulsiones para evitar que me entregase a la labor prolífica, me alegré mucho, porque ya no me inspiraba deseo alguno, y pensé utilizar aquel incidente para vengarme. El oráculo anunció a Mme. d'Urfé y a mí que la condesa Lascaris había sido profanada por un mal espíritu y que tenía que buscar otra virgen cuya pureza estuviese mejor protegida.

Visité después a la Corticelli, quien me dijo que continuaría con sus ataques convulsivos hasta que consiguiese el cofre de las joyas. Iba a declarar que estaba embarazada, pero creía que era del amante que estaba en Praga.

Volví a ver a la marquesa y preparé el oráculo de tal manera que ella descubrió por sí misma que la condesa Lascaris se había vuelto loca, punto en el que no quise contradecirla. Así que cuando la Corticelli, enfurecida contra mí, contó a Mme. d'Urfé la historia completa de su vida, cómo nos habíamos conocido y cómo había quedado embarazada, vino a corroborar las revelaciones de la buena señora y, cuando más verazmente hablaba la muchacha, tanto más loca la consideraba la marquesa.

Luego me propuse arbitrar otro método para proporcionar a Mme. d'Urfé la nueva existencia, en cuerpo de hombre, que ella deseaba. En una sesión solemne y misteriosa, como tantas otras, la inocente señora transmitió un mensaje a la luna y recibió una contestación en la que se le decía que tenía que esperar en Marsella hasta la primavera a que llegase Querilinth, que era uno de los jefes de la Fraternidad Rosacruz. Por lo que se refería a la condesa Lascaris, no había más remedio que eliminarla, porque no iba a producir a la marquesa más que perjuicios. Así lo hice poco después, en cuanto llegamos a Ginebra la mandé con su madre a Turín.

Hice un viaje a Lausana para cenar con la señora Lebel, que había sido mi ama de llaves y se llamaba de nacimiento Dubois. Era una de las diez o doce mujeres que había querido de verdad, y si con su tacto y delicadeza me hubiese gobernado sin que yo me enterase, hubiese conservado mi fortuna y hubiese tenido hijos, en lugar de verme en mi vejez solo y sin un centavo.

Para agasajar a las dos mujeres más hermosas de Ginebra pedí a mi banquero que me dejase utilizar su casa del lago y celebré un banquete. Al terminar, las dos muchachitas, que se llamaban Hedvig y Helen, dieron un paseo conmigo por la orilla para despejar la cabeza de los vapores del vino. Después nos quitamos los zapatos y las medias y nos lavamos los pies. De allí nos fuimos a un chalet veraniego que había cerca y cuyo principal mobiliario consistía en un gran sofá para descanso y placer.

Ambas estaban dotadas de mente inquisitiva, por lo que nuestra conversación divagó en distintas direcciones. Pude acariciar a las dos sin que ninguna se molestase. Pasé un buen rato, pero tenía la esperanza de que hiciesen completa mi felicidad presentándome sus condecoraciones de inocencia. Replicaron que lo pasarían bien y así fueron prolongándose nuestras transacciones, entreverándolas con insinuaciones más directas cuando me deslizaba a solas con alguna de ellas. Me las arreglé para colarme dentro de la casa de Helen en el preciso momento en que se iba a cerrar la puerta de afuera, me encerré en un clóset, donde no puede menos que pasar el tiempo recordando mis experiencias con la esposa del alcalde de Colonia y con mis adoradas Nanette y Marton, veintidós años atrás.

En la larga y pródiga carrera disoluta, mi principio fundamental fue concentrar mis ataques contra las novicias o contra las que estaban llenas de prejuicios, siempre que no hubiese otra mujer. La timidez es una defensa de la mujer para no dejarse seducir, en tanto que, cuando va acompañada de otra, se le conquista fácilmente. La debilidad de una contribuye a la caída de la otra. Cuando la mujer concede un pequeño favor, inmediatamente impulsa a su amiga a otorgar otro mucho mayor, para así disimular su bochorno. Cuando el seductor sabe darse maña, la joven inocente se dejará llevar demasiado lejos para que pueda volverse atrás. Antes de darle tiempo a que recapacite, hay que hacer que le atraiga el placer o la curiosidad estimule su deseo, la oportunidad hará el resto.

Aunque no me arrepiento de mis devaneos amorosos, estoy muy lejos de desear que mi ejemplo contribuya a la corrupción del bello sexo, que tantos derechos tiene a mi homenaje. Lo que quiero es que cuanto estoy diciendo sirva de advertencia a los padres y madres, y me conquiste un lugar en su estimación.

Una vez que Helen me llevó a su alcoba y abracé a ambas, les dije:

—No podemos perder tiempo, vámonos a la cama.

—Idos vosotros dos —dijo Helen—. Yo dormiré en el sofá.

—No, no —protestó Hedvig—. Debemos correr la misma suerte.

—Sí, os amo a las dos, y con estas tardanzas no haremos más que perder un tiempo precioso, que bien podríamos aprovechar en la pasión. Voy a quitarme la ropa y me tumbaré en medio de la cama. Venid y acostaos a mis lados, que yo os daré muestras de cuánto os amo. Y no apaguéis la luz.

Helen ponía dificultades porque le daba vergüenza, pero por fin se plantó delante de mí en el mismo estado de Eva, antes de que le colocasen la hoja de higuera. Hedvig era más alta, su piel más blanca y sus pechos el doble de los de Helen, quien tenía seis años menos. Hice de Hedvig una mujer y, cuando todo se consumó, me besó y me dijo que el dolor no significaba nada al lado del placer que había sentido. Entonces le llegó el turno a Helen, pero no dejó de haber dificultades en la conquista. Las hice nadar en felicidad durante varias horas, pasando cinco o seis veces de una a otra, hasta que me agoté. A los primeros vislumbres de la aurora nos separamos, y tuve la suerte de marcharme sin que nadie me viera.

Volvimos a renovar nuestros lances una noche en que invité a las dos muchachas y a sus familias a Las Balanzas, haciendo breves ausencias a la habitación que yo había tomado para ese propósito. Después de aquello tuve que decirles adiós, tarea que me llevó la noche entera.

Clementina

Desde Ginebra fui a Lyon, y de allí a una finca que tenía Mme. d'Urfé en Bresse. Le comuniqué que era necesario que fuese a Turín, a verme con el presidente de la Fraternidad de la Rosa Cruz. Una vez en aquella ciudad, hablé con el hombre a quien he citado de paso en otra ocasión, y que era tan mal poeta como pintor, llamado Passano. Cenando con él, me pareció tan ignorante y de tan mala disposición que, pese a la apariencia magnífica que presentaba para desempeñar el papel a que lo tenía destinado, empecé a arrepentirme de haberlo metido en mis planes.

La Corticelli me vio en la ciudad y, cuando apeló a mi generosidad, la mandé a Dupré, el maestro de ballet de la ópera, para que le diese lecciones. Me enamoré locamente de algunas alumnas suyas, entre ellas, de una muchacha de figura elegante, facciones delicadas y noble aspecto. Se llamaba Águeda, y su madre era la más joven y atractiva de quienes andaban por ahí.

Durante una entrevista con su madre, en que hablamos de la hija, no sé cómo fue aquello, pero atraje hacia mí a la dama y le di un beso. Como noté que ella respondía a mi muestra de afecto y parecía que le gustaba, seguí avanzando, hasta que, por fin, pasamos un par de horas demostrándonos el alto concepto que teníamos el uno del otro. Después nos quedamos ambos extrañados y asombrados. Fue ella quien primero habló:

—¿Tengo que contar a mi hija de qué manera habéis demostrado que la queréis?

—La verdad es que estoy ardiendo por ella, pero si no procuramos evitar vernos a solas, lo que acaba de ocurrir se repetirá.

Regalé a la hija un par de aretes que valían mil sequines y, escapándome una noche del baile de la ópera, encontramos la manera de expresarnos todo nuestro amor. Después de aquello ya no quedó tirantez ni tensión alguna. Ella fue mi amante oficial y ambos nos sentíamos orgullosos de pertenecernos.

Como tenía que volver a Francia después de Pascua para atender a Mme. d'Urfé y, después de haberse firmado la paz, se me presentaba una buena ocasión para conocer Inglaterra, empecé a pensar en el porvenir de mi adorada Águeda. Durante varios meses había estado el joven lord Percy enamorado de ella. Era un despilfarrador y un pródigo. Yo me disponía a hacer rica a la niña a costa de él, cuando encontró la más obstinada resistencia de ella y me vino a suplicar que se la cediese. Era sumamente rico y apasionado, por lo que le hice prometer que le daría dos mil guineas cuando se separasen, así como otros muchos regalos y presentes. Lo único que yo quería de lord Percy era que me presentase a su madre, la duquesa de Northumberland, que estaba en Londres.

Muchas lágrimas me costó separarme de Águeda, pero no tantas como a ella. También la madre gimoteó, porque, igual que la hija, me quería.

Durante mi viaje a Francia me detuve en Milán, donde me encontré nuevamente a Teresa "Bellino", que se había cansado de su joven marido y lo había despachado a Roma con una pensión. Se me mostró tan apasionada como hacía dieciocho años, pero mi amor por ella estaba siendo objeto de muchas tentaciones nuevas para que le fuese fiel mucho tiempo.

En primer lugar, estaba Zenobia, joven hermosa, pero pobre, que se iba a casar con un sastre pequeño y demacrado. Cuando le di veinticinco sequines para que celebrase una buena boda, fue tal su agradecimiento que, después de una enconada discusión que duró quince minutos, los dos nos encontramos encantados de allanar nuestras diferencias. Cuando terminó la primera lid me puse a examinar sus atributos y, con mi habitual frenesí amoroso, le dije que debía mandar a su sastre a paseo y venirse a vivir conmigo. Después del segundo escarceo le quité las ropas que nos estorbaban y me dediqué ardorosamente a ella durante una hora, pero, como estaba en la flor de la juventud, subió a los cielos muchas más veces que yo.

Luego tuve que ver con la morena condesita Teresa, cuyo arruinado marido y amigo mío, el conde Arrendolo Bolognini, arregló las cosas por mil quinientos francos para que su mujer compartiese el tálamo conmigo. Era la damita una altanera española noble y, como no hacía una hora que acababa de estar con Zenobia, era una equivocación intentar reavivar el fuego que se había acabado hacía tan poco. Se decepcionó ante mi fracaso y yo, desgraciadamente, la humillé tanto que, aunque le dejé el precio convenido, me engañó con una hemorragia de nariz para que se mezclase nuestra sangre y encargó a una bruja que me echase una maldición. Afortunadamente para mí, creía en hechicerías, porque si no aquella vengativa condesa me hubiese asesinado.

Después vino Irene, la hija de los condes Rinaldi, aventureros de Venecia. Querían ir a Cremona, y la muchacha se ofreció a ser mi esposa, por lo que le prometí cien sequines. Sus padres me hicieron repetir aquella promesa en su presencia porque jamás habían pensado que valiese más de cincuenta sequines. Irene afrontó su primera experiencia con una sonrisa, porque era naturalmente voluptuosa. Luego nos llevamos los cien sequines a la mesa de juego del baile de la ópera, donde ella los aumentó hasta trescientos setenta. Cuando se retiraba, oímos sollozar a alguien.

—Estoy segura —me dijo— de que es mi padre, que llora de alegría.

Después de aquella aventura me presentaron a la marquesa Q..., a cuya casa había ido a jugar y amar. Era joven, pobre, y tenía buena fama. La oportunidad de gozar de los encantos de esta aristócrata se me presentó cuando estábamos los dos en el baile de máscaras, o mejor dicho, preparados para asistir a él, los hombres vestidos de mujeres y las mujeres de hombres. Entonces se acordó entre todos que, como los trajes que llevaban las jovencitas eran demasiado provocativos y podían tentar a todos los mujeriegos de la ciudad, debíamos poner remedio. En consecuencia nos quedamos en el apartamiento que había yo tomado, y después de quitar a la jovencita los calzones a que no estaba acostumbrada, no necesité más de un momento para despojarme de mi vestimenta femenina y adoptamos la conveniente relación del uno con la otra. No se quedó quieta un momento. Puedo decir que pocas mujeres he conocido tan ardientes y flexibles en su reciprocidad. Preferimos a las festividades públicas del resto del Carnaval, nuestras celebraciones para dos en el apartamiento.

A la quinta la conocí cuando acompañé durante dos semanas al conde Bolognini a visitar a su hermano en el señorial castillo de San Ángelo. Allí el conde Ambrosio me presentó a su mujer y a sus dos hermanas. Una era la condesa Clementina, a la que conquisté en unas cuantas horas. Era cierto que mi naturaleza se inflamaba fácilmente, pero he de admitir que no ha habido beldad alguna que, en tan poco tiempo, se haya aprovechado tanto de mí. Fue una aventura que exigió la máxima delicadeza, porque la jovencita era vergonzosa y muy virtuosa. Primero la impresioné yendo a Lodi a comprarle un centenar de libros buenos, porque la muchacha tenía verdadera hambre de sabiduría. Ella los recibió con arrobada gratitud. No hay mujer en el mundo a quien no se pueda conquistar a base de agradecimiento. Es el procedimiento mejor y más seguro, pero hay que saberlo utilizar.

A la mañana siguiente, cuando entré en su habitación, estaba todavía dormida y su hermana Leonor me dijo que se había pasado leyendo hasta las tres de la madrugada.

—Vamos a jugarle una broma —me dijo—. Meteos en la cama con ella. Nos divertiremos mucho al ver la cara de sorpresa que pone al despertarse.

—¿Crees que lo tomará como broma?

—No podrá dejar de reírse a carcajadas.

No llevaba cinco minutos en la cama, cuando Clementina se dio la vuelta y, tomándome por su hermana, me dio un beso a toda prisa y se volvió a dormir. Pero la risa de su hermana la despertó.

—Es un buen chiste —dijo—. Sois dos bromistas de verdad. Leonor, has ido demasiado lejos, porque nos queremos y estaba soñando con él.

—No es un chiste —replicó la otra—. Está vestido. ¡Mira! Diciendo y haciendo, la pícara me destapó de golpe, pero al mismo tiempo descubrió también a su hermana, la cual se tapó, dando un grito de susto, aquellos encantos que mis ojos devoraron un momento.

—¿Estáis satisfecho? —me preguntó.

—Claro que sí, soy un buen arquitecto y creo que estáis muy bien construida.

—Alto, amigo, no me toquéis. Ya basta con que me hayáis visto.

—¡Ay! Es tocando como se rectifican lo errores cometidos por los ojos. Gracias al tacto se aprecia la suavidad y la solidez. Déjame que te bese esas dos hermosas fuentes de vida, las prefiero a los cien senos de Cibeles.

—En eso estáis equivocado. Mi maestro me dijo que era Diana de Éfeso la que tenía cien pechos.

Con toda humildad confesé que tenía razón y que yo estaba equivocado. Cierto sentimiento de vanidad literaria le impidió oponerse a la presión de mis labios sobre su capullo rosado que se destacó de la esfera de alabastro a la caricia. Me dijo que le habían proporcionado una sensación placentera que jamás había experimentado, por lo cual procuré ampliar sus conocimientos sobre la sensualidad.

Me dejó en un estado de grande excitación, y durante dos días estuvimos tomándonos el pelo mutuamente, sin llegar a ninguna conclusión que nos llevase a lo que yo deseaba. Me daba mucho que pensar la tenaz resistencia de Clementina y le propuse vencerla por un procedimiento casi infalible. Le iba a proporcionar placeres nuevos para ella, sin reparar en dificultades ni gastos.

Quise dar a toda la familia la sorpresa de invitarlos a una excursión a Milán, ciudad que no habían visitado todavía las dos hermanas, aunque era el sueño de su vida. Saboreamos un opíparo banquete en mi apartamiento y vaciamos por lo menos veinte botellas de champagne. Cuando volvimos a San Ángelo, a media noche, recibí mi recompensa pasando con Clementina varias horas de felicidad que no olvidaré jamás. Le prometí volver y, si la fortuna me sonreía en Inglaterra, comprar una finca que sería suya el mismo día de nuestra boda. Así fue, entre coloquios de amor y visiones del futuro, como pasamos los intermedios entre nuestros amorosos transportes, durante las cinco o seis noches que permanecí allí. Su hermana dormía, o hacía que dormía, a nuestro lado.

Fue una temporada venturosa. ¿Cómo podía yo, que era tan libre como el aire y no tenía que dar cuenta a nadie de mis movimientos ni de mis caprichos, acabar con aquella felicidad? Hoy que pienso en ello no lo entiendo.

Mi última noche con la condesa fue muy triste. Nos hubiésemos muerto de desesperación si no nos refugiáramos el uno en el otro, abandonándonos a las delicias del amor. Jamás he empleado mejor una noche. Las lágrimas de dolor sucedían y se entremezclaban en rápida sucesión con las del amor, y nueve veces le demostré mi admiración. Nos costó un verdadero esfuerzo separarnos. Me sentí sumamente reconocido con Leonor por la amabilidad que había tenido con nosotros, por lo cual me la llevé aparte y le hice un regalo consistente en un elegante anillo en el que había un camafeo que representaba al Dios del Silencio.

Paulina

Escribí desde Londres a Clementina, pero no tuve ocasión de regresar y me alegré al enterarme, más tarde, que se había casado tres años después.

En Milán dije adiós a Teresa, besé la mano de la condesa que me había querido quitar la vida por medio de la magia negra y, cuando perdió toda su fortuna en Milán, abandonó en mis manos a la mujer burlada, a la que acepté, compadecido de ella. Me sentía orgulloso de mi inmunidad para el amor, porque el recuerdo de Clementina me perseguía. Pero Mlle. Crossin, como la llamaré para no faltar al respeto ni a ella ni a su familia, tenía ese aire de nobleza y aristocracia que yo siempre he admirado en una mujer.

En Génova alquilé un apartamiento de cuatro dependencias bien amuebladas. Viajábamos los dos como tío y sobrina. Le busqué una doncella y, por fin, puse a la pequeña Anita a su servicio. Mientras estuve ausente, la rubita se había desarrollado de manera increíble. Sus mejillas parecían rosas florecidas, sus dientes eran blancos como perlas, y sus pechos, aunque honestamente ocultos, se habían redondeado exquisitamente. Aquella noche, después de haber visto a Mlle. Crossin. Anita vino a hablarme:

—Si la señora es realmente vuestra sobrina, ¿podré esperar que sigáis amándome?

—Yo siempre te amaré, mi querida Anita; desnúdate y hablaremos un poco.

Nuestra conversación tomó un sesgo apasionado y duró dos horas.

Durante el día me dediqué a jugar, y gané una gran cantidad al bribi, pero perdí otro tanto al quince. Ya por entonces mi sobrina se había tomado tantas familiaridades conmigo y se mostraba tan afectuosa que con frecuencia venía a buscarme por las mañanas, cuando Anita estaba todavía en mis brazos, y se sentaba en la cama. Su presencia aumentaba mi ardor, y apagaba en la rubia el fuego que inflamaba en mí la morena. Mi sobrina parecía divertirse con aquello, pero vi claramente que sus sentidos padecían ante el espectáculo. Anita era corta de vista y no caía en cuenta de mis distracciones, porque, sin verlo ella, mi bella sobrina me acariciaba suavemente, acrecentando así el deleite.

"Se había escapado a Venecia con una mujer que sedujo..."

Cuando creía que me había agotado, mandaba a Anita que se levantase y me dejase a solas con ella, porque quería decirme algo. Así fue como un día comenzó a juguetear conmigo y, aunque su vestido estaba en el más completo desorden, debió creer que sus encantos no ejercían poder ninguno sobre mí. No sabía lo equivocada que estaba. Yo decidí que si no en Génova, ya encontraríamos ocasiones de holgar y divertirnos en aquel viaje aburrido.

El Martes Santo me visitó un cura sucio y raído que resultó ser Gaetano, mi hermano menor que no valía para nada. Se había escapado de Venecia con una mujer a la que sedujo bajo promesa de casarse con ella en Ginebra. Me llevó a su destartalada habitación donde vi a una joven alta y morena, muy aceptable, que me miró con dignidad y me preguntó:

—¿Sois hermano de este monstruo embustero que me ha engañado tan miserablemente?

—Si, tengo ese honor.

—¡Vaya un honor! Bueno, tened la amabilidad de mandarme de nuevo a Venecia, porque no pienso estar un minuto más con este rufián.

Cuando la oí hablar con esa encendida elocuencia, comprendí que tenía que hacerme cargo de ella al momento y acabar con aquella relación desventurada. Me encantaron su valor, su indignación y la nobleza de sus maneras. Mi hermano se le acercó con gesto de súplica, pero ella le sacudió una sonora bofetada en la oreja. En lugar de aceptar la refriega, el mojigato abate levantó los ojos al cielo y comenzó a llorar.

Di al pobre hombre veinte sequines para que se comprase ropa limpia y siguiese donde estaba, y me llevé a la muchacha a mi casa para evitar el escándalo. Con un vestido bonito, con un buen alimento y perspectivas más halagüeñas, se convirtió en una persona distinta. Se puso a hablar con Anita, pero las dos no dejaban de reírse, porque no se entendían una palabra, ya que Marcolina sólo hablaba el veneciano y Anita exclusivamente el genovés.

Alquilé un falucho para que nos llevase a Marsella. Además de mi sobrina tenía que cuidar de mis dos criados, de Marcolina y del desgraciado Gaetano, que estaba anonadado por la pena y el mareo. En Antibes mi querida sobrinita se convirtió en mi querida esposita, y lo único que lamentábamos era el haber aguardado tanto tiempo. Mientras llegábamos a su casa estuvimos aprovechando todo el tiempo, y ella cada día se hizo más cariñosa. Prolongué nuestra felicidad lo más que pude, haciendo muchas escalas. Nos detuvimos en Fréjus, después de sólo tres horas de viaje, y pasamos el tiempo entre el dulce sueño y los más dulces escarceos, haciendo otro tanto en Le Luc, en Brignoles y en Aubagne, donde pasamos nuestra sexta noche de felicidad.

Una vez en Marsella, Marcolina no tardó en ocupar el lugar de Mlle. Crossin y, por cierto, que la encontré encantadora en la cama. Hacía casi ocho años que no había probado los refinamientos venecianos, y ella era una belleza ante la cual hubiese doblado la rodilla el mismo Práxiteles.

Me apresuré a visitar a Mme. d'Urfé, porque había llegado con tres semanas de retraso. No quiero fatigar a mis lectores con el relato de esta entrevista, porque ocurrió entre sus desvaríos y mis embustes, que ni siquiera tenían el mérito de la verosimilitud. Siempre fui esclavo de mi vida de despilfarro, y por eso hube de aprovecharme de su locura; ella era muy rica y me hacía mucho bien, sin que yo a ella le hiciese ningún mal.

Me había traído de Génova al viejo pintor-poeta, Giacomo Passano, para que desempeñase el papel de Querilinth, porque la verdad le venía bien, con aquella larga barba y aquel cabello blanco, y con su imponente nariz aguileña. Desgraciadamente, su arrogante cabeza no tenía nada que ver con el seso que había adentro, y me resultaba muy difícil llevar adelante el engaño. Mi paciencia se acabó cuando, un día, me encontré a un médico junto al lecho de enfermo de Passano.

—¿Qué ocurre, estás indispuesto?

—Sí, tengo algo que me enseñará a ser más prudente en el futuro.

—Pues ya, a vuestros sesenta años, es un poco tarde para aprender.

—Más vale tarde que nunca.

Me desprendí de aquel imbécil que todavía me estuvo molestando mucho tiempo después, pero Mme. d'Urfé no quería escuchar sus imposturas, porque sabía, en virtud de lo que le habían anunciado las pirámides, que no era el verdadero Querilinth, sino el genio malo de Saint Germain, que había sido contagiado de una enfermedad por un gnomo femenino y venía a matarla, pasándole aquella vergonzosa dolencia. Fue necesario cambiar una vez más nuestros planes, y esta vez tomé todas las medidas para no fiarme de nadie que engañase o robase. Me conseguí el instrumento de aquella extraña concepción y, para estimularme y excitarme a cumplir mi cometido revelé a Mme. d'Urfé que iba a llegar una ondina del Ródano para celebrar la ceremonia. Luego instruí cuidadosamente a Marcolina para que desempeñase su papel y, cuando llegó el día, la oculté, vestida de prendas elegantes y vistosas de muchacho, en una alacena que había junto a la habitación de la marquesa. Las ceremonias empezaron en un paraje que iba a dar al mar. Allí arrojamos a la hondura un estuche pesado lleno de metales preciosos y de joyas. Sin embargo, lo que el oráculo de madame d'Urfé no decía era que la caja contenía cincuenta libras de plomo, porque el verdadero tesoro estaba escondido en mi aposento.

Cuando surgió la luna llena, la marquesa vino a buscarme vestida de novia, y la sonriente ondina apareció a su debido tiempo y nos bañó. Como Mme. d'Urfé era afectuosa, y además limpia y fina en todos los aspectos, pronto triunfé en el primer acto de los tres que integraban nuestra farsa mística. Los otros dos fueron mucho más difíciles, a pesar de los buenos oficios de la ondina, que nos bañaba y deleitaba a la novia con caricias que la buena mujer creía ser exclusivas de los espíritus de los ríos. Entonces rogó a la ondina que me tratase a mí con la misma amabilidad, a lo que Marcolina obedeció inmediatamente, prodigándome todos los refinamientos de la escuela veneciana del amor. Era una perfecta lesbiana, sus mimos me devolvieron a mi estado normal, precediendo al tercer acto de nuestro drama. Pero, desgraciadamente, me fue imposible terminar lo que había prometido, y no tuve más remedio que engañar a mi pareja para que no cayese en la cuenta de mi fracaso. Como me retiré de la lid con mis banderas tremolando todavía, ella lo tomó como una prueba positiva de que había en mí algo que estaba por encima de lo simplemente mortal.

Después de llevar a cabo las últimas ceremonias pude mandar en los días siguientes a Mme. d'Urfé a Lyon, y recuperarme de mi aterradora experiencia con la deliciosa Marcolina. Luego nos fuimos a Lyon, pero nuestro carruaje tuvo un accidente cerca de la casa de una viuda que estaba en buena posición. Yo no le vi la cara en todo el tiempo que estuvimos allí. Ella estaba fascinada con Marcolina y durmieron juntas la noche que estuvieron reparando mi vehículo. Hasta que continuamos nuestro viaje a Aviñón. Después de cierto tiempo, Marcolina se acordó de una carta que le había dado la señora para que me la entregara. Empezó a buscarla entre sus pertenencias y finalmente la encontró. En ella no había más que una dedicatoria en italiano. "Al hombre más honrado que he conocido en toda mi vida"... ¿Se refería aquello a mí? Volví la hoja y leí un nombre: "Henriette". Ante la vista de aquel único nombre me quedé anonadado. "Cruel Henriette", me dije a mí mismo, "tú me viste a mí, pero no me dejaste verte". Hubiese vuelto de buena gana a su casa, pero claramente me dio a entender que no quería nada conmigo.

En Lyon encontramos a los embajadores venecianos que volvían de Londres, donde habían asistido a la coronación del Rey Jorge III. Marcolina tenía un tío que era mayordomo de M. Querini y, como había hecho una fortuna bastante regular con lo que le había yo dado, con lo que había ganado en el juego y con los regalos de Mme. d'Urfé a la ondina, pude mandarla a su casa con todos los honores y con medios suficientes para que se independizase.

Además, despaché a Mme. d'Urfé a París, para que preparase al joven conde Aranda, o mejor dicho, José Trenti, para su regreso a Londres. Su madre había estado pidiéndome insistentemente que le devolviese a su hijo. Mi viaje a París fue amenizado por la compañía de un mercader, llamado Moreau, y de su hija Adela. Ambos me rogaron que los llevase en mi carruaje, porque no les hubiese quedado otro medio de llegar allá sino en el techo de una diligencia. Como mi coche era pequeño el padre tuvo que hacer el viaje en el pescante, afuera, y la hija en mis rodillas. En una de las paradas que hicimos, cuando volvíamos al vehículo, después de cambiar de caballos, Adela no pudo evitar enseñarme las bragas negras que llevaba debajo. Yo siempre he tenido horror a esa prenda, sobre todo si es negra.

—Oiga, señor —dije a su padre—; vuestra hija me ha enseñado sus pantalones negros.

—Pues es extraño que no os haya enseñado algo más, se ve que está de suerte.

La tentadora Adela tuvo tanta delicadeza e intuición, que, cuando llegamos a la próxima parada, habían desaparecido las condenadas bragas. Poco después, el padre, que tenía prisa por seguir adelante a cobrar una deuda en Nevers, nos dejó a los dos por la noche en Moulins, que no se borrará de mi memoria en todos los días de mi vida, porque ahí fue donde inicié a Adela Moreau en las delicias del amor. Tuvimos otros dos escarceos y, cuando llegamos a París, le compré en la tienda de un relojero un regalo de despedida.

Visité enseguida a Mme. d'Urfé, antes de partir para Londres, y vi que estaba feliz con su supuesto embarazo. Me despedí de ella con el presentimiento de que iba a ser la última vez que viese a mi inocente y generosa loca. Llevándome al pequeño y testarudo José, fui a Calais, donde tuve el gusto de invitar generosamente al duque de Bedford a la embarcación con que iba a atravesar el canal. Nos llevó dos horas y media la travesía. El viento era muy fuerte, pero no nos fue mal en el estrecho.

Inglaterra es diferente a todo el resto de Europa. Hasta el paisaje tiene un aspecto distinto y el agua del Támesis sabe a algo extraño. Todo tiene su propio carácter, y el pescado, el ganado, los caballos, los hombres y las mujeres son de un tipo especial que no se encuentra en otras tierras. El rasgo más acusado de carácter es su orgullo nacional, en eso se consideran superiores a todas las demás naciones.

Teresa Imer, que en Londres se llamaba Cornelis, recibió con gran afecto a su hijo, pero se condujo muy fríamente conmigo. El alojamiento que me tenía preparado era muy pobre, por lo que inmediatamente alquilé una casa magnífica en la ciudad para mí solo.

Teresa gozaba de una posición extraordinaria y eminente en la sociedad londinense. Obsequiaba a la nobleza con doce bailes y doce banquetes nocturnos al año, y con otros tantos a la clase media. Frecuentemente tenía hasta seiscientos huéspedes, a dos guineas cada uno, en su Carlisle House, pero sus gastos eran enormes. Tenía muchas deudas y se quejaba de que le estaban robando a dos manos. La forma en que se conducía conmigo era como si estuviese tratando a un pariente pobre. Inmediatamente me mudé a mi casa.

El domingo me llevaron a la corte, donde el embajador francés me presentó a Jorge III, quien me habló en voz tan baja que yo no le podía entender y hube de contestarle a base de inclinaciones de cabeza. En cambio, la reina cubrió la falta del rey, pero toda la conversación versó sobre bagatelas sin importancia, como suele ocurrir en todas las cortes. Después fui a Carlisle House, y me quedé triste al ver que Teresa había dado órdenes a mi pequeña Sofía de que me tratase únicamente con cortesía. Cualquiera podía apreciar que era como yo, tanto que no había lugar a dudas, y se dirigió a mí llamándome Mr. Cornelis.

Me conseguí un magnífico criado negro llamado Jarbe, que hablaba francés, italiano e inglés, y además di con un buen cocinero francés. Cuando estaba en el Drudy Lane Theatre fui testigo de una protesta, por parte del público amotinado, porque no se representaba la comedia que se había anunciado. Vi cómo destrozaban todo menos las paredes, a pesar de que el célebre actor Garrik es esforzó en vano por restablecer el orden. Cuando al cabo de quince días volvió a estar en condiciones el teatro, obligaron a Garrik a presentarse antes de que se levantase el telón y ponerse de rodillas ante el público para pedirle perdón. Así son los ingleses.

Aburrido de no tener mujer con quien compartir mi casa y mi buena mesa, hice que mi casera fijase el siguiente anuncio en la ventana:

"Se alquila el segundo o tercer piso, amueblado, a una joven que hable inglés y francés, y que no reciba visitas ni de día ni de noche."

Todo el mundo se detenía a leer el anuncio. No quiero fatigar a mis lectores dándoles cuenta del centenar de mujeres que vinieron a verme los primeros días y a las que rechacé con algún pretexto. Pero un día recibí a una muchachita que apenas había cumplido los veinte años y que vestía de manera sencilla, pero elegante. Tenía facciones suaves y graciosas, aunque un tanto graves. Su tez era pálida y su cabello negro.

La hermosa Paulina, mujer modesta, de la que no tardé en enamorarme, era una aristócrata portuguesa que se había fugado a Inglaterra con su novio, pero al que hubo de dejar a bordo de la misma nave que los trajo y ver que se lo llevaban de nuevo a su patria por orden del primer ministro. Estaba esperando a los caprichos del destino y no sabía cuánto tiempo habría de permanecer en Londres.

Mi pasión fue creciendo y yo adelgazando cada día por los deseos que encendía en mí, mientras ella engordaba con los cuidados, el alimento y la risa que yo le proporcionaba. Ella no se imaginaba que el amor era la causa de mi indisposición, por lo cual me aconsejó que hiciese ejercicio. Cogí un caballo y, como no me gustaba su trote, lo puse al galope, y me arrojó al suelo tan violentamente que creí haberme quebrado el cuello. Cuando me llevaron a casa, Paulina se sintió tan arrepentida que me besó, y a partir de ahí fue mía del todo, prometiéndome que desde ese momento, y hasta la hora de su partida, sería mía.

—...Y esta noche va a ser nuestra noche de bodas —añadió—, y la cama será nuestra mesa de banquete. Ya estoy cansada de no proporcionaros más que desgracias, cuando estoy viviendo con vos y os amo.

Pronto sus suspiros y el ardor de su entrega me mostró que su pasión necesitaba más desahogo que la mía. Supe dominarme lo suficiente para tener presente que debía velar por su honor. Aquello la llenó de estupefacción, porque me confesó que jamás había pensado en tal cosa y se había entregado libremente, resuelta a afrontar las consecuencias. Yo le manejé el misterio de mi dualidad como una manifestación de amor y con ello la hice feliz.

Después de la noche más deliciosa de mi vida, decidí no dejar la casa hasta que Paulina tuviese que regresar a Portugal. Ella no me abandonaba un solo momento, como no fuese para ir a misa los domingos. Cerré la puerta a todo el mundo, hasta al mismo médico, porque el esguince fue desapareciendo solo. Pasamos tres semanas entre delicias de ensueño imposibles de describir. El primero de agosto fue el día fatal. Paulina recibió una carta de Lisboa en la que se le ordenaba volver a casa sin demora.

Aquella despedida se pareció extraordinariamente a la de Henriette, hacía quince años. La semejanza de ambas situaciones era asombrosa. Las dos mujeres se parecían mucho en su carácter y ambas eran igualmente hermosas, aunque su belleza era de diferente tipo. Las dos eran muy inteligentes. Paulina tenía el orgullo de su nación y era bastante más ardiente que Henriette. Con ambas tuve éxito porque era rico. Si hubiese sido pobre no hubiera conocido a ninguna de las dos.

Ahora las tengo medio olvidadas, como se olvida todo con el tiempo, pero cuando las recuerdo he de reconocer que Henriette me produjo una impresión más profunda, porque yo tenía veinticinco años cuando la conocí y, cuando estuve en Londres, ya frisaba en los treinta y siete.

Acompañé a Paulina hasta Calais y mi viaje de vuelta fue de lo más triste. Llegué a mi casa de Londres y me metí en la cama. Por la mañana vino a buscarme mi criado y me dijo:

—Señor, la casera quiere saber si debe poner otra vez el anuncio. Os tiene mucho afecto, y al veros tan triste creyó que...

—Vete y dile que no piense en tales cosas.

Cerca de un mes después visité a un oficial flamenco a quien había hecho algún favor. En su residencia me encontré con una muchacha de diecisiete años que me recordó una tarde, cuatro años antes, en que salí a comprar regalos en París, a mi bella calcetera, Mme. Baret. Entonces obsequié con un par de aretes a una chiquilla de trece años... ¡Era la encantadora joven que en esos momentos tenía delante! Su nombre actual, según me dijo, era Mlle. Charpillon. Todo lo que tenía de bonito y atrayente por fuera lo tenía de negras y traicioneras intenciones por dentro.

El día en que la encontré fue nefasto para mí, porque salí de su casa en el estado más absoluto de aturdimiento y confusión. Sabía que esa mujerzuela era famosa en todo Londres por fisgona, embustera y coqueta, por lo cual supuse que mi capricho no duraría sino hasta que la conquistase. No me podía imaginar que fuese a haber dificultades, pero ella me engañaba, volvía de nuevo a la carga, se negaba a mis insinuaciones y jugaba conmigo. Esta redomada prostituta me abrumó de promesas, me hizo escenas de violencia, trató de sonsacarme dinero y me acosó con toda clase de tentaciones, hasta que me puso furioso y me aleló, robándome la razón, el dinero y la suerte.

Ella me complicó con la hez de Londres, ayudó a que me desvalijasen en los juegos tramposos de naipes y a que me hiciesen víctima de tratos fraudulentos de negocios, y todo el tiempo me ponía como cebo su cuerpo, del cual jamás llegué a gozar. Su madre y sus tías eran alcahuetas viles que me habían engañado en Francia, pero yo ni siquiera caía en la cuenta de ello.

Un escritor y aventurero, que se hacía llamar Caballero Goudard, se ofreció para servir de intermediario entre la Charpillon y yo. Vino un día a mi casa con un sillón cubierto con una funda y, en cuanto nos vimos solos, retiró la cubierta y me rogó que se lo comprase.

—¿Y por qué habría de comprarlo? —le dije—, no me parece bonito.

—Su precio es de cien guineas.

—Yo no daría ni tres por él.

—Es que este sillón tiene cinco resortes —me explicó—. Todos ellos funcionan en cuanto uno se sienta. Dos sirven para agarrar los brazos y sujetarlos fuertemente, otros dos separan las piernas, y el último levanta el asiento.

Entonces Goulard se sentó con toda naturalidad y los muelles empezaron a entrar en acción, colocándolo en la postura de la mujer que va a dar a luz.

—Que la bella Charpillon se siente aquí —me dijo—, y asunto concluido.

No pude menos que soltar la carcajada ante aquel artilugio, que me pareció al mismo tiempo ingenioso y diabólico, pero no me decidí a quedarme con él. No cabía duda en cuanto a la eficacia de su maquinaria; sin embargo no era por tacañería por lo que dudaba de adquirir el sillón, sino porque fácilmente podía mandarme a la horca. Además, jamás hubiese tenido la crueldad de poseer a Charpillon a la fuerza, y mucho menos por medio de aquel artefacto cuyo mecanismo la hubiese aterrado. Goudard se lo llevó al dueño, quien estaba esperando por ahí cerca.

Una vez la encontré por casualidad en la cama con su peluquero, y le di una paliza mientras ella se perdía en la noche. Volví furioso a casa y luego me dijeron que estaba al borde de la muerte por el maltrato que le había dado. Desesperado al oír aquella noticia sobre la mujer a quien tanto deseaba, me fui al puente de Westminster con la intención de tirarme de cabeza al río. Un joven inglés amigo mío me lo impidió y logró serenarme, hasta el extremo de permitirle que me llevara a los jardines públicos, en donde se estaba celebrando un baile. Allí vi a una muchacha que se parecía a la Charpillon y llevaba un vestido igual al que yo le había comprado. Estaba bailando de una manera que me recordó a la bruja en trance de morir. ¡Cuál no sería mi sorpresa, cuando, al volverse, vi que en efecto era ella! Me adelanté para ver si me engañaban los ojos, Al verme se echó a correr. Me senté, temblando de pies a cabeza y sudando copiosamente por la cara y por el cuerpo. Pero inmediatamente pasó la crisis. Y empecé de nuevo a vivir, sano y salvo.

Logré meter a las tres arpías en la cárcel por los falsos pagarés que me habían dado años antes. Una vez que cumplieron su condena me encarcelaron en Newgate bajo el cargo de haber amenazado de muerte a aquella ramera, pero pronto salí libre y me vengué de ella comprando un precioso lorito a quien enseñé a decir: "La Charpillon es más pendón que su madre". Luego mandé con él a mi criado para que lo vendiese por cincuenta guineas. Nadie lo compró, pero todo el mundo se detenía a escuchar la canción. Su madre quiso denunciarme, pero los distintos abogados con quienes consultaron estuvieron de acuerdo en afirmar que un lorito no puede cometer delito de difamación.

Victoria, Augusta, Hipólita y Gabriela

Un día me fui al Marylebone Theatre, me senté por casualidad en una de las mesitas frente a una muchacha a quien, al principio, no conocí; pero ella, en cuanto entré, se volvió hacia mí y me dejó ver el perfil de su hermosa cara, que me pareció un tanto familiar. Yo creí que eran cosas de mi cabeza y que aquellas facciones pertenecían al modelo de belleza ideal que llevaba hundido en mi alma. Cuanto más miraba, más me convencía de que no la había visto nunca; aunque empezó a aflorar en sus labios una sonrisa de vaga e indescriptible coquetería. Se le cayó uno de sus guantes, y yo me apresuré a devolvérselo, por lo cual me dio las gracias en unas cuantas frases de francés selecto.

—¿Entonces la señorita no es inglesa? —Le pregunté con todo respeto.

—No, señor, soy suiza y amiga vuestra.

Al oír esto miré a mi derecha y vi primero a madame de Muralt, luego a su hija mayor y después a su marido... ¡Aquella beldad era mi querida Sarita! En tres años se había convertido en una mujer perfectamente hermosa. Ella lo sabía y, a juzgar por los colores que se le subían al rostro mientras me hablaba, me supuse que estaba recordando lo que había pasado entre nosotros, en presencia de mi ama de llaves, Mme. Dubois. Cuando entonces la vi, la flor de su belleza estaba todavía en capullo, pero ahora se había abierto y mostraba todo su esplendor. En cuanto nos quedamos solos le dije:

—Encantadora Sara, de tal manera me has hechizado que no puedo menos que hacerte un par de preguntas que estoy seguro habrás de contestar: ¿Recuerdas lo que pasó en Berna?

—Sí.

—¿Y te remuerde lo que hiciste?

—No.

Un hombre de mi delicadeza no podía preguntar el tercer punto, que puede comprenderse fácilmente. Yo mismo lo contesté, aunque sólo durante cinco fugaces minutos, cuando visité a los Muralt en su casa aquella misma noche. Y, aunque ofrecí mi apoyo a la familia, que estaba en apuros financieros, Sara me rechazó porque, según me dijo, tendría que pagar con su cuerpo lo que hiciera yo por sus padres, y no quería entregarse por motivos de esa índole.

Pocos días después de haber vuelto a Suiza, Goudard me llevó a visitar a una condesa viuda de Hanover, que hacía dos meses había llegado de Inglaterra con sus cinco jóvenes hijas para solicitar del gobierno la indemnización de los perjuicios causados a sus posesiones por los ejércitos del Duque de Cumberland al pasar por ahí. Las jovencitas eran muy bellas y la condesa estaba tan carente de fondos que temía la cárcel por deudas. Aunque conocía a muchos hombres de título nobiliario y de fortuna, no podía solicitar el apoyo de nadie, porque las hijas se oponían a insinuaciones amorosas que les pudiesen hacer.

Después de mi aventura con la Charpillon, mi corazón se negaba a pagar por anticipado el precio de la belleza, aunque me interesaban las hijas mayores y la madre. Permanecí inexorable e insensible a su situación, limitándome a invitarlas a cenar y dilatar el encarcelamiento de la madre veinticuatro horas. Como nadie se ablandó, y yo tampoco me compadecí, la condesa fue a parar a la prisión. Lleno de remordimientos me fui a casa a cenar, y encontré a sus bellas hijas en mi residencia. Se repartieron melancólicamente la comida que les ofrecí, pero en cambio se negaron a beber. Les dije que podían quedarse hasta las siete de la mañana siguiente, hora en que debían retirarse. Subieron al piso de arriba, pero al cabo de una hora la mayor estaba de vuelta y me preguntaba:

—¿Qué me daréis si me presto a compartir vuestro lecho?

—Os daré veinte guineas, como os lo prometí antes, y os alojaré y mantendré mientras me deis gusto.

Sin decir una palabra empezó a desnudarse y se metió en la cama. Se portó sumisa y dócilmente, pero nada más, porque no me dio siquiera un beso. Al cuarto de hora me aburrí de ella y me levanté, le di un billete de veinte guineas y le dije que se vistiese y se fuese de la habitación.

—Mañana te marcharás de esta casa, porque no me gustas. En lugar de darte por amor te has prostituido. Debería darte vergüenza.

Obedeció en silencio y yo me eché a dormir de mal humor. A eso de las siete de la mañana me despertó una mano que me zarandeaba suavemente. Abrí los ojos y quedé sorprendido al ver a la segunda hija.

—¿Qué quieres? —Le pregunté fríamente.

—Que os compadezcáis de nosotras y nos alberguéis en vuestra casa unos cuantos días más. Os lo agradeceré mucho. Mi hermana me lo ha contado todo. Debéis perdonarla porque su corazón pertenece al marqués de Petina, caballero italiano que está en la cárcel por deudas.

—Y, claro, supongo que tú estarás enamorada de otro, ¿no?

—No, no lo estoy.

Bajó los ojos y tomó mi mano, apretándola suavemente. La atraje hacia mí y la abracé. Sentí que sus besos respondían a los míos y le dije:

—Ganaste.

—Me llamo Victoria.

—Me gusta ese nombre, y haré lo posible porque lo acredites.

Victoria era tierna y apasionada, y me proporcionó dos horas deliciosas que me compensaron de los minutos de disgusto que había pasado.

—Mi amada Victoria —le dije—, soy completamente tuyo. Trae aquí a tu madre en cuanto esté libre. Toma tus veinte guineas.

Era tan feliz que apenas podía hablar. Yo también me sentí dichoso y pensé que la mayor parte de mi felicidad se debía a que había hecho una buena acción. A partir de aquel momento di órdenes a mi servidumbre de que pusieran la mesa todos los días para ocho personas y les indiqué que sólo estaba en casa para Goudard. Gastaba el dinero con prodigalidad, pero también era verdad que estaba a gran distancia de la pobreza.

Llevaron a la madre a mi casa y se metió en la cama que había preparado para ella en el tercer piso, negándose a salir de ella y a reconocer que las jóvenes condesas habían dejado de ser puras azucenas. Allí se quedó todo el tiempo que estuvo bajo mi techo.

La hermana tercera, que también había sido aconsejada por Victoria y, sin duda alguna también por su madre, se propuso también ganar sus veinte guineas, y no le costó gran esfuerzo. Aquellas cinco muchachitas eran como cinco platos golosos colocados frente a un glotón, dispuesto a engullirse uno tras otro. Para mi gusto la última fue siempre la mejor. La tercera se llamaba Augusta. A Hipólita, que era la cuarta, le compré un traje de montar para salir con ella a pasear a caballo. Por la noche de aquel día, después de una suculenta cena bien regada de copiosas libaciones, la feliz Hipólita se metió con Augusta a mi alcoba y comenzó a desnudarla. Cuando vi que besaba a su hermana, le pregunté si no me iba a dar a mí también un beso. Después de unas cuantas bromas, Augusta tomó la cosa en serio e hizo que se acostase junto a mí, sin molestarse en pedirme permiso, porque estaba perfectamente segura de que tal era mi gusto. Pasamos la noche magníficamente, y no podía quejarme de la falta de material, pero Augusta con toda discreción dejó que la recién venida se llevase lo mejor de mis atenciones.

La noche siguiente, mientras cenábamos, observé que Gabriela, que era la más pequeña, parecía triste y sombría. Le pregunté la razón, a lo que me contestó que podía cabalgar tan bien como su hermana. Me demostró que era capaz de cualquier cosa, como las demás hermanitas suyas, y de las cinco hubiese escogido a ella para mi compañera de toda la vida. Se ganó no sólo su premio de cinco guineas, sino un precioso anillo que le regalé en prenda de mi particular afecto.

Lo más divertido de la aventura de Hanover fue la proposición que me hizo la ya madurita condesa madre, quien, viendo el amor que había demostrado hacia sus hijas, me ofreció su mano y su corazón para que me convirtiese en su verdadero padre. Yo le pedí tiempo para recapacitar sobre aquello.

Zaira

Como mis fondos se iban disipando y no aceptaba todavía su mano, la condesa pensó que era mejor volver a Alemania, para evitar que trascendiese el escándalo, pero me invitó a visitar su país y su casa cuando me acercase por ahí.

Después de que se marcharon vendí lo que tenía de más valor, pagué mis deudas, que ascendían a cuatrocientas guineas y me quedé sólo con ochenta, con las cuales pensaba hacer un viaje a Portugal. Pero mi debilidad por el juego me hizo exponer también aquella cantidad y, cuando perdí, avalé una letra de cambio por quinientas veinte guineas, para quedarme sólo con cien. La letra resultó falsa. Había estampado en ella mi firma y me había hecho responsable. La cárcel me esperaba en Inglaterra. En un día logré hacer dinero suficiente para escapar y me marché a Dover, desde donde me embarqué para Calais a la media hora de haber llegado al canal. Allí tomé una silla de postas hasta Dunquerque, donde el buen comerciante que se había casado con Teresa de Lameure me llevó a su casa. Allí vi al hijo mayor de ella, muchacho encantador que se parecía asombrosamente a su madre, aunque el bueno del mercader no tenía duda alguna de su paternidad. Me reí al ver cómo mi descendencia había quedado extendida por toda Europa.

Mis queridos amigos se portaron muy bien conmigo. En Bruselas me encontré con una letra de cambio de M. de Bragadin, por valor de doscientos ducados, y en Wesel recibí de Mme. de Rumain seiscientos florines, se había enterado de que andaba un tanto corto de dinero. Según me dirigía a

Brunswick, mi carruaje pasó a toda velocidad por Wesel y, sin saberlo, llevaba conmigo a la cantante italiana Redegonde, a quien me había negado su madre en Florencia y Turín, lanzándome así en el camino a la Corticelli. Antes de llegar a Brunswick éramos ya hombre y mujer, como si fuésemos marido y esposa. Cuando su rigurosa y severa madre nos pescó en el acto mismo del amor, se puso furiosa y exclamó:

—¡No puedes negar, pequeña ramera, que has estado durmiendo con él!

—Sí, pero eso no tiene nada de malo, porque vos bien sabéis, querida mamá, que no se hace nada malo mientras está una dormida.

Después me dirigí a Wolfenbuttel, ciudad que tenía la tercera biblioteca de Europa y que yo deseaba visitar desde hacía mucho tiempo. Pasé ahí una semana, y no salía de la biblioteca sino para comer y dormir, Aquella semana fue una de las más felices de mi vida, porque durante ella me olvidé completamente de mí. En el placer de estudiar el pasado, no tuvieron para mí valor alguno el presente y el futuro, de los cuales me olvidé completamente. Me imagino que de esta índole debe ser la bienaventuranza de los redimidos.

Cuando llegué a Berlín me presenté a mi amigo, el lord Chambelán, que era el escocés Lord Keith. Se negó a presentarme al rey y me recomendó que, si quería visitar a Federico I, El Grande, tenía que elevarle personalmente una petición. Así lo hice, y con gran asombro mío, recibí una contestación a los dos días, concediéndome una audiencia a las cuatro de la tarde en el jardín de Sans-Souci, donde vería a Su Majestad. Allí estaba, y me preguntó con una voz terrible, qué deseaba. Aquella recepción me dejó pasmado y se me ahogó la voz en la garganta.

—Bueno, explicaos. ¿No sois vos la persona que me escribió?

—Sí, Majestad, pero no creí que fuese realmente a encontrarme en presencia de un rey. El lord Chambelán debió habérmelo advertido.

—¿Entonces os conoce?... Bien, vamos a dar un paseo. ¿Qué os parecen mis jardines?

Le contesté que me parecían soberbios.

—Pero los de Versalles son más bonitos.

—Sí, Majestad, pero aquello se debe principalmente a las fuentes.

—Cierto, más eso no es culpa mía. Aquí no hay agua. Me he gastado trescientas mil coronas para conseguirla, y todo ha sido inútil.

Me estuvo interrogando acerca de Venecia, y cuando estaba acabando nuestra extraña conversación se detuvo en seco, me examinó de pies a cabeza y dijo:

—¿Sabéis que sois un hombre muy apuesto?

Dicho esto se quitó el sombrero y me dijo adiós. Yo me retiré con una profunda inclinación.

Varios días después, Lord Keith me comunicó la agradable noticia de que había encontrado gracia a los ojos del rey y que Su Majestad pensaba darme un empleo. Estuve esperando en Berlín cinco o seis semanas, y el lord Chambelán me notificó que Su Majestad se había dignado hacerme maestro del nuevo cuerpo de cadetes de Pomeriana, que estaba organizando. El sueldo era de seiscientas coronas al año, más alojamiento y manutención. Tuve que hacer un verdadero esfuerzo de voluntad para dominarme ante aquella oferta miserable que procedía de un hombre tan discreto y razonable en la mayor parte de las cosas. Pero mi asombro subió de punto cuando contemplé la sórdida vitola de los quince jóvenes nobles, con su facha sucia y desaliñada. Tomé por criados a sus instructores y me disponía a salir de aquel cuchitril cuando llegó el propio rey a inspeccionarlo. Tuve que morderme los labios para no soltar la carcajada cuando Federico El Grande montó en cólera a la vista de un utensilio de alcoba que divisó junto a una de las camas y que no estaba precisamente muy limpio. Ni siquiera me molesté en dar las gracias al rey por su ofrecimiento.

Sin embargo, Berlín me resultó grato gracias a la célebre bailarina Mlle. Denis, a la que encontré por primera vez en Venecia, cuando tenía seis años y yo diez. Me quedé encanado de su talento en escena; fui a buscarla a su camerino y le regalé un anillo que había comprado para ella por un ducado que no era mío, en pago del cual recibí un beso. Ahora, muchos años después, me lo dio con creces y me hizo sumamente feliz.

Me encontré bastantes venecianos que acababan de llegar de Rusia y me animaron a visitar aquel país. Después de despedirme de Denis y de todos mis amigos, me puse en marcha e hice la primera escala en Mitau. Llegué ahí en magníficas circunstancias económicas, porque no tenía más que mi carruaje y tres ducados en la faltriquera. Entregué mi carta de presentación a M. de Kaiserling y su esposa me invitó una taza de chocolate que me fue servida por una hermosa joven polaca. Se quedó delante de mí con los ojos bajos. Según la mirada, se me metió en la cabeza un antojo y, como ya debe saber el lector, jamás he resistido a un capricho. Sin embargo, aquel era muy curioso. Cuando vacié la taza, la dejé sobre la bandeja, y a su lado, mis tres últimos ducados.

Aquella noche fui invitado por los Kaiserling a un baile, pero, como estaba sin un centavo, no pude alquilar siquiera un traje. Entonces se presentó en mi posada un prestamista y me ofreció doscientos federicos a cambio de un pagaré sobre San Petersburgo de una suma equivalente en rublos. Me quedé sumamente sorprendido, pero me presté a recibir cien, con el único objeto de que se quedase reconocido a mi largueza. Contó el dinero y me dio las gracias. Ahí quedó la cosa, hasta que supe la razón de haberme encontrado con aquel crédito. Era por los tres ducados que había dado a la doncella de M. de Kaiserling, la cual se lo contó a todo el mundo, mereciéndome así la fama de ser un magnate rico.

Me presentaron al duque de Courland, y hablé con tal autoridad sobre minerales y minas, de los cuales no sabía nada, que me invitó a hacer una excursión por sus propiedades y se procuró cuanto estimé necesario. Pasé una quincena viajando, inspeccionando y viviendo a cuerpo de rey; al terminar la excursión había terminado un informe en el que presentaba una porción de sugerencias llenas de sentido, en compensación de las cuales el duque ordenó que me entregasen cuatrocientos táleros de Alberto, moneda que valía medio ducado. Además, me mandó a Riga en uno de sus carruajes y me dio una carta para su hijo.

El príncipe Charles de Biron, que era el descendiente más joven del duque, me recibió con liberal hospitalidad. Mientras estaba yo ahí, llegó a Riga la emperatriz Catalina II; tenía treinta y cinco años y había reinado dos. No era precisamente hermosa, pero su aspecto era agradable, su expresión bondadosa, y tenía cierto aire de serenidad y reposo.

Otro de los que visitaron la ciudad fue De Aragón, uno de los duelistas más famosos del mundo. El príncipe Charles me invitó a probar su destreza y, como muchos otros, crucé mi espada con él. Mi vanidad me llevó a irritarme de que a cada suerte me marcaba, y dije a ese verdadero diablo de los espadachines que no me daba miedo enfrentarme con él en un duelo auténtico. Fue más sereno que yo y me dijo estrechándome la mano:

—A la hora de la verdad me bato de otra manera, y tenéis sobrada razón de no temer a nadie, porque esgrimís magníficamente.

Mi antiguo amigo Campioni, que residía en Riga desde hacía varios años, estaba abrumado de deudas y, como hombre de honor, se hurtó a sus compromisos y huyó del país. Me dejó su vehículo de viaje, que era una gran carroza con facilidades para dormir y todo. Con seis caballos viajé día y noche, sin abandonar el carruaje durante las sesenta horas que duró el viaje a San Petersburgo. No sentí el frío en lo más mínimo, aunque el termómetro marcaba quince bajo cero.

Llegué a San Petersburgo en el momento en que los primeros rayos del sol empezaron a dorar los horizontes. Era por el solsticio de invierno. El sol emergía por el borde de una inmensa llanura a las nueve y veinticuatro minutos, por lo cual deduzco que la noche más larga dura en Rusia dieciocho horas y cuarenta y cinco minutos.

El encargado de mi alojamiento me dio un boleto para un baile de máscaras que se celebraba en la corte y al que asistían cinco mil invitados, con duración de sesenta horas. Fui allá y vi largas mesas llenas de alimentos y bebidas, orquestas distintas en los múltiples salones y el palacio iluminado con millares de antorchas. Todo era suntuoso, tanto más cuanto que había un contraste feliz con el frío y las tinieblas del invierno ruso que campaba por sus respetcs afuera.

Vi a la zarina, y con ella a Gregorio Orloff, el que la había ayudado a escalar el trono. También me encontré a numerosos amigos de Italia y a la antigua y hermosa calcetera Mme. Baret, quien ahora ostentaba el nombre de Mme. de Langlade y era una de las cortesanas de más éxito en Rusia. Pero, ¡ay!, pocos meses después moría de viruelas.

Al hacer una expedición por los campos que rodean la ciudad me enteré de que los campesinos vendían a sus hijas. Me comprometieron con una joven doncella de singular belleza, la compré por cien rublos, la vestí con sobriedad, al estilo francés, y le puse el nombre de Zaira. A los tres meses ya había aprendido el suficiente italiano para entenderme y enamorarse de mí. Me la llevé a Moscú en mayo, porque para entonces se había puesto tan bonita que no quería dejarla. Los sábados me iba con ella a los baños rusos, donde se bañan treinta o cuarenta hombres y mujeres completamente desnudos, pero como nadie se preocupa de los demás, uno se imagina que no lo miran.

Las mujeres rusas se ponen fácilmente celosas, lo llenan a uno de reproches o quedan sumidas en profunda melancolía, por lo cual no tuve más remedio que acatar la costumbre del país y pegar a Zaira cuando se lo merecía. Por extraño que parezca, esto significaba para ella una prueba de amor, porque poco a poco volvía uno a reconciliarse y el encuentro amoroso de ambos sellaba las paces.

Una noche que volvía de una reunión, me tiró sin decir una palabra una botella que me hubiese matado, de haber dado en el blanco. El motivo que tenía para hacer aquello era perfectamente lógico en su manera de pensar, porque me enseñó cómo las cartas en las que le habían dicho la buenaventura me acusaban de infiel. Las palizas son una necesidad en Rusia. Las palabras no valen nada, se desperdician en vano cuando se dirigen a un criado, a una amante o a una cortesana, porque para ellos lo único que vale es el látigo.

Una mañana, temprano, vi a la emperatriz en sus jardines de verano. Me preguntó si me gustaban las estatuas. En realidad eran toscas y del peor gusto y, además, las inscripciones que llevaban en los pedestales tenían tan poco que ver con lo que representaban, que parecía la obra de un loco. Me dijo que a su tía, la emperatriz que la había precedido, se las habían impuesto los artistas o los cortesanos. Luego hablamos de muchas cosas, de mi visita a Federico de Prusia, de nuestra común indiferencia por la música y, durante las últimas visitas, nos referimos también a Venecia, a la reforma del calendario ruso y a otros puntos.

Cuando estaba viendo la representación de una comedia francesa, conocí a la actriz de París, Valville, e inmediatamente quedé prendado de su ingeniosa conversación. Al día siguiente, por la mañana, hice llegar a sus manos una nota que comenzaba así:

"Señora... Me gustaría empezar con vos una aventura..."

A lo que contestó con una que principiaba:

"Señor... Como tengo la costumbre de poner fin a una aventura cuando deja de divertirme, no vacilo en aceptar vuestra proposición."

Era como la mayor parte de las francesitas jóvenes de su clase. Estaba dotada de encantos que quería poner en juego y, además, de una educación bastante regular. Su máxima ambición era estar protegida por un solo hombre, y el título de amante sonaba más grato a sus oídos que el de esposa. Carecía totalmente de pasión y amor, pero era mimosa y agradable. Cuando aceptó un contrato para el teatro de San Petersburgo era principiante en las tablas, por lo cual no se ganó el favor de Catalina. A eso se debió que no le diesen papel ninguno, aunque seguía percibiendo su paga de cien rublos al mes. Como quería regresar a Francia, preparé una solicitud o memorial que no se atrevía a utilizar, pero cuando la apremié a que lo presentase, se lo aceptaron y recibió inmediatamente su sueldo por el resto del año, además de cien ducados para el viaje.

Antes de salir a Rusia, me suplicó Rinaldi, el arquitecto setentón de la reina, que le vendiese a Zaira, de la que se había enamorado, pero yo hice la felicidad de la muchacha devolviéndosela a su familia, de tal modo que pudieran vendérsela a Rinaldi.

Mme. Valvilla salió de la capital rusa conmigo y viajamos juntos hasta Köningsburg, donde nos separamos como buenos amigos, porque la esperaban en Berlín. Yo me fui a Varsovia después de vender mi coche de viaje. Llegué a la capital de Polonia a fines de octubre de 1765. Allí me encontré a muchos individuos con nombres bárbaros en la mansión del príncipe Adam Czartoryski. Luego vi entrar en la estancia a un hombre de atractiva apariencia. Todo el mundo se puso de pie. Adam pronunció mi nombre y volviéndose a mí me dijo fríamente:

—Éste es el rey.

El rey Estanislao Augusto Poniatowski, que había sido amante de la emperatriz Catalina, me trató con la mayor cordialidad y me tomó gran afición. Durante la cena estuvo hablando de muchos asuntos conmigo. Seguí viéndolo en la corte, pero, por lo demás, mi vida discurrió ahí tranquilamente. Sin embargo, a pesar de mi sobriedad y economía, a los tres meses de mi llegada estaba lleno de deudas. El rey y yo platicábamos frecuentemente sobre los clásicos, y en cierta ocasión me referí a la protección que el emperador Augusto dispensó a Horacio y a otros hombres de letras. Cuando el soberano me urgió a que recordase una cita de Horacio que hiciese al caso, le presenté esta:

"Los que no hablan de sus necesidades en presencia de un rey consiguen más que los que siempre están pidiendo."

A la mañana siguiente, cuando salía de misa, me alargó el generoso rey su mano para que se la besase y, al mismo tiempo, deslizó en la mía un cartucho de dinero, diciéndome:

—Dad gracias a Horacio, y no se lo digáis a nadie.

El paquetito contenía doscientos ducados, con los cuales enjugué inmediatamente mis deudas.

Por entonces me complicaron, siendo totalmente inocente, en un litigio entre dos bailarinas de ballet, la Binetti y la Catai, muy popular entre los polacos. Yo no podía ponerme del lado de la Binetti, porque todos mis amigos de Varsovia estaban en el bando opuesto, pero su protector, el conde Xavier Branicki, me provocó con insultos que no podía tolerar, por lo que lo desafié a duelo. Como arma eligió la pistola. Ambos disparamos al mismo tiempo, pero mi bala perforó su estómago y la suya me dio en la mano izquierda. Durante algunos días su estado fue desesperado y el mío corría también peligro, porque sus furiosos amigos querían vengarse. Sin embargo se puso bien y alabó mi valor. El rey, que había prohibido los duelos, me preguntó:

—¿Cómo es que lleváis el brazo en cabestrillo?

—Es que padezco un poco de reuma. —Le dije.

—Pues no debíais haberos expuesto. —Me replicó con una sonrisa.

Recibí muchas invitaciones por toda Polonia y pasé dos meses viendo el país, pero a mi regreso a Varsovia ya el clima se había enfriado demasiado para mí, y recibí del rey orden de salir de la ciudad en el término de una semana. Cuando le escribí diciéndole que mis acreedores me perdonarían al enterarse de que abandonaba Polonia por decreto real, me envió mil ducados, advirtiéndome que había firmado aquella orden únicamente por las amenazas que pesaban contra mi vida.

Primero fui a Breslau, donde conocí a una bella y joven institutriz llamada Maton, que andaba buscando empleo. Inmediatamente se lo di y marchamos después a Dresde. Observé que estaba deseosa de otorgar sus favores a los oficiales que visitaban nuestra posada, pero me lo negó rotundamente. Luego me enteré de que ese monstruo tan candoroso e inocente me había contagiado una enfermedad y además había dejado enfermos a todos sus galantes militares.

En cuanto me puse bien me fui a la feria de Leipzig, donde recuperé mi peso perdido comiendo las calandrias por las que Leipzig era famoso. De vuelta en Dresde tuve el gusto de encontrarme con mi madre y la familia de mi hermano. Luego vi a la hermosa Mme. Blasin, antigua amante de Castelbajac, tahúr y pícaro a quien me había encontrado frecuentemente por toda Europa.

La mujer me trató con toda amabilidad, y nuestras relaciones nos llevaron a Praga y luego a Viena, donde el maldito Cuerpo de Castidad de la emperatriz nos obligó a separarnos. Ella siguió hasta su casa de Montpellier y yo me quedé en Viena hasta que me comunicaron que tenía que marcharme, aunque no había motivo de peso para ello.

Marché a Munich y a Absburgo, donde pasé cuatro meses y volví a ver a Gertrudis, que se había casado y vivía prósperamente, y a Ana Midel, a quien encontré fea y triste, y me echó la culpa de su desgracia.

Me detuve en Colonia únicamente para visitar al alcalde, pero la deliciosa Mimí me dijo que no quería volver a tener nada conmigo. Aproveché la ocasión también para pegar un puntapié al director de la *Gaceta de Colonia,* quien me había calificado de aventurero.

En Spa los alojamientos escaseaban tanto que tuve que hospedarme con la familia de un sombrerero. En la habitación contigua a la mía, y que servía de antesala, vi que dormía todas las noches su linda sobrinita, que se llamaba Mercy. Reaccionó con indiferencia a mis insinuaciones y, cuando intenté hacer entrar en calor a su naturaleza, me sacudió un puñetazo en las narices que me hizo ver mil estrellas y arrepentirme de mi acción amistosa. Luego me negué a aceptar sus propuestas, y me cambié de casa.

Entonces me hospedé en la de un tahúr italiano a quien había conocido hacía muchos años, y que ahora se había dado el título de marqués Don Antonio della Croce, el mismo individuo que, llamándose M. de la Croix, me dejó en Milán para acompañar a su amante Mlle. Crosin. Ahora tenía con él otra linda mujer, una muchachita belga que se llamaba Carlota y que era alta, rubia, de ojos azules y tenía una boquita pequeña y sabrosa, pero que desde hacía seis meses estaba embarazada.

Della Croce abrió la temporada de juego con buena suerte, ropa fina y joyas ostentosas. Pero pronto empezó a decaer su buena estrella en el faro y se dedicó a jugar contra las otras mesas de la ciudad, perdiendo absolutamente todo su dinero. Tuvo que vender cuanto poseía y se repitió la historia al suplicarme que me encargase del cuidado de su frágil víctima. Nunca pude entender qué tenía aquel hombre para enamorar así a las mujeres. No era culto, ni tenía maneras elegantes, ni su conversación estaba dotada de seducción alguna. En una palabra, no vi en él nada que subyugase al otro sexo. Sin embargo, soy testigo de que logró hacer abandonar su hogar a por lo menos dos mujeres de categoría, quienes lo siguieron ciegamente.

Hubiese partido antes para Portugal, donde siempre tuve el presentimiento de que estaba destinado a hacer mi fortuna, de no ser por la preocupación que tenía por Carlota y que me retuvo en Aix cuando della Croce quedó completamente sin blanca y me pidió que la cuidase. Me la llevé a París, donde podía ser atendida debidamente y, en efecto, le prodigué cuantas atenciones y cuidados podría dispensar un padre. Estaba profunda y desinteresadamente enamorado de Carlota y, cuando murió de calentura once días después de dar a luz un hijo, sentí tanto su muerte como la de mi misma abuela, que tanto me había consternado.

Aquel mismo día volví a casa se mi hermano Francisco, donde recibí otro disgusto, porque M. Dandolo me había escrito diciéndome que también había pasado a otra vida el senador de Bragadin. No lloré, porque ya no me quedaban lágrimas.

Hubiese permanecido en París, pero un día ocurrió que, estando en un concierto, un jovenzuelo hizo la observación de que había yo estafado a su difunta tía un millón de francos. Era sobrino de madame d'Urfé. No sólo lo llamé embustero y bellaco, sin que le prometí molerlo a puntapiés para enseñarlo a hablar con respeto. Dos días después me entregaron una carta del rey con la orden de que abandonase París en el término de veinticuatro horas y Francia en el de tres semanas. Por toda razón se alegaba:

—Es nuestra voluntad.

Pero el verdadero motivo era que había amenazado con dar de patadas a un caballero que, aunque joven, era una persona demasiado honorable para hablarle en aquellos términos.

Doña Ignacia

Decidí ir a España y partí poco después, pasando una semana deliciosa en Burdeos, de donde salí con dirección a Madrid, ciudad que me pareció tremendamente fría, porque es la más alta de Europa.

Encontré a los altaneros españoles rigurosos y puritanos, sus hombres se comportaban fríamente frente a los extranjeros, y las mujeres al revés, pero las oportunidades para el amor eran sumamente limitadas.

Había entonces, en Aranjuez, una compañía de ópera italiana que estaba divirtiendo a la corte, a excepción del rey, que no tenía la menor afición a la música. Su Majestad se parecía notablemente a su carnero, y no me parece mal la comparación, porque las ovejas no tienen el más mínimo sentido del sonido. El rey era feo, pero todo es relativo, porque resultaba hasta hermoso comparado con su hermano, que era muchísimo más feo todavía.

Asistí solo a mi primer baile de máscaras en Madrid, y un conde amigo mío me dio instrucciones sobre la manera de conseguirme una pareja. Al ver a una hermosa y alta muchacha, cuya gracia y pie diminuto me hizo pensar que sería una buena bailarina de esa danza extraordinariamente sensual que se llama el fandango, la seguí desde la iglesia a su casa. Más tarde pedía permiso a su padre para sacarla a bailar. Con toda formalidad me contestó varias horas en mi casa, diciéndome que su hija había aceptado mi invitación y que la podía acompañar al baile, pero que su madre iría también con ella y se quedaría en el carruaje. Me decía además que era zapatero de oficio.

—En ese caso, os ruego que me toméis medidas para un par de zapatos.

—No puedo hacer tal, porque soy hidalgo, y al tomar medidas a alguien no tendría más remedio que tocarle los pies, cosa que me desagradaría.

—¿Me podéis al menos remendar las botas?

—Eso sí, pero hay mucho que hacer con ellas, y os costará cinco francos.

La joven, que se llamaba Ignacia, bailaba el fandango maravillosamente y, como había estado yo tomando lecciones para no hacer mal papel, formábamos una pareja que dejó admirados a todos. Sentía arder dentro de mí la llamarada de la adoración hacia aquella mujer, pero la presencia de su madre me impidió exteriorizar mis sentimientos cuando volvimos a su casa. Sin embargo, pude ir expresándole poco a poco mi pasión y asaltar la muralla de piedad en que estaba secuestrado. Quise que me estuviese reconocida, invitando a dos primas suyas que eran demasiado pobres para asistir, y ella me pagó, mientras le ayudaba a vestirse de la manera más dulce que se pueda imaginar. Se sometió con un aire que parecía decir: "Me entrego únicamente porque no os puedo resistir". Yo quise respetar su honor y me retiré a tiempo, pero en el segundo escarceo la retuve entre mis brazos durante media hora.

Era por naturaleza apasionada y estaba dotada de un temperamento capaz de resistir a los más vigorosos ataques, cuando por decencia hubimos de abandonar la sala de pruebas, dijo a sus primas:

—Creí que no iba a acabar nunca. He tenido que alterar todo el vestido.

En la Iglesia del Buen Suceso vi a la duquesa de Villadorias, famosa por su ninfomanía. Cuando sentía dentro de sí el furor uterino no había obstáculo que se le pusiese por delante. Era capaz de abalanzarse al hombre que había excitado sus pasiones, y él no tenía más remedio que apaciguarlas. Aquello había ocurrido ya varias veces en reuniones públicas y había dado lugar a algunas escenas extraordinarias, pero seguía siendo todavía joven y hermosa.

Una tarde ocupó el mismo palco que teníamos en la corrida de toros doña Ignacia y yo, hizo buena amistad con ella y le cuchicheó al oído ciertas cosas que la indignaron e impulsaron a rogarme que no fuese a visitarla. Como mi amada no dejaba nada de desear para mí, se lo prometí.

España me proporcionó una serie de disgustos. Me metieron en la cochambrosa cárcel del Buen Retiro y me tuvieron encerrado allí durante tres días por sospechas de que llevaba armas, pero luego me pusieron en libertad presentándome las disculpas del mismo primer ministro. Después vi que se me cerraban todas las puertas, porque se me había escapado indiscretamente que el conde Manucci, de la embajada veneciana, que había sido buen amigo mío, no era en realidad conde, sino hijo del soplón Manucci, quien tuvo la culpa de que me encerraran en Los Plomos.

Como mi bolsa estaba casi exhausta y doña Ignacia se había prometido en matrimonio, decidí salir de Madrid. Mi amada se casó con un zapatero rico, aunque su padre se sintió sumamente molesto por aquella boda que tan inferior era a su rango.

Me dirigí a Valencia donde me encontré a una paisana de Venecia, la bailarina llamada Nina Bergonzi, que fue amante del virrey de Barcelona. Era tan hermosa como Venus y tan pervertida como Lucifer. No tardé en comprobar la veracidad de estas palabras de primera mano, porque fuimos a Barcelona juntos, y allí me metieron de nuevo en la cárcel sin cargo ninguno. Nina me recomendó con tal calor y me ensalzó con tales encomios ante el virrey, que él me colocó donde no pudiera hacerle sombra. Aproveché aquella oportunidad para escribir mi *Refutación a la historia del Estado veneciano por Amelot de la Houssaye,* durante los cuarenta y cuatro días que estuve encerrado, al cabo de los cuales me dijeron que yo ya sabía, desde el principio, que mi pasaporte y mis documentos estaban en orden.

Salí de Barcelona en los últimos días de 1768, y me sentí feliz de abandonar España. Me dirigí a Montpellier, luego a Nimes y a Aix, donde contraje una pleuresía tan aguda que un día me administraron los últimos sacramentos de la Iglesia. Pero a los diez días mi enfermedad comenzó a remitir, y al cabo de tres semanas estaba yo convaleciente. Todo el tiempo que estuve enfermo me cuidó día y noche una abnegada mujer. Su afectuosa atención no me abandonó un solo momento; dormía en mi habitación y, por lo que me dijo, supuse que el médico me la había mandado. Pero, cuando la perdí de vista y le pregunté por ella, me aseguró que no la había visto en otro lado que no fuera a la vera de mi cama. Fue un verdadero misterio, porque nadie del hotel la conocía ni la volvió a ver después.

Como estaba cerca del hogar de Henriette, su imagen no se apartaba de mi pensamiento y me detuve, al pasar, en su casa de campo. No estaba allí, pero imagínense mi sorpresa cuando me encontré cara a cara con la misma mujer que tan cariñosamente me había cuidado una semana antes. Henriette se enteró de que estaba enfermo y me la mandó para que me salvase la vida.

Hice un viaje largo a Lugano, Suiza, para publicar mi *Refutación*. Después, camino de Roma, me encontré con una preciosa inglesita que se fugaba con un conde fraudulento, quien en realidad no era más que un actor arruinado. Como intentó por todos los medios hacerme costear su fuga y como Miss Betty se enteró enseguida de que yo era superior en todo a aquel tramposo, pronto se estableció entre nosotros cierto trato íntimo, que hubo de terminar cuando el protector de la muchacha, hombre de negocios inglés que vivía en Italia, nos alcanzó. Los tres continuamos hacia Roma, donde visité a mis muchos amigos, luego fuimos a Nápoles, donde tenía más todavía.

Desde allí no había más que una corta jornada hacia Salerno, donde Lucrecia vivía con su hija, y mía, que hasta ahora ostentaba el título de marquesa C. Su marido era un hombre viejo y de gran fortuna, ambos me recibieron con los brazos abiertos. Lucrecia, que tenía mi edad, parecía diez años más joven, y Leonilda se había convertido en una beldad de veintitrés años. Abracé al marqués C., y Leonilda y yo nos propusimos gozar de la vida sin cortapisas. La única nube que ensombrecía la vida de aquel noble era que tenía un verdadero ejército de parientes desconocidos, pero carecía de hijos.

"Por ese entonces tenía yo 49 años, y no esperaban más favores de la fortuna."

Durante mi estancia bajo su techo me convencí, con la ayuda de Leonilda, de que aquella nube podía eliminarse, aunque nuestros esfuerzos deberían disimularse tras las relaciones amorosas que trabé con su doncella Anastasia, a través de cuya habitación tenía que pasar para llegar a la de Leonilda. Pero la doncella me interceptó tantas veces que la marquesa y yo hubimos de romper nuestras relaciones nocturnas. Cuando me marché de Roma y no me llevé a Anastasia, me consideró un traidor.

Veinte años después me encontré al hijo de Leonilda y vi que era un apuesto joven.

Estaba ya añorando mi Venecia y ardía en deseos de regresar a ella después de 19 años de continuo viajar. Por entonces tenía ya 49, y no esperaba más favores de la fortuna, porque la veleidosa y caprichosa divinidad sólo ama y protege a los jóvenes, pero aborrece a los ya entrados en años. Sin embargo, pensé que podía vivir cómodamente en Venecia. Tenía talento y experiencia, y me proponía hacer buen uso de ellos. Estimaba seguro poder vivir en Venecia, donde muchas personas, que en otra parte hubieran sido mendigos, pueden vivir sin apuros.

En Trieste, donde había hecho servicios tan importantes al Estado veneciano, recibí una carta de amparo de los Inquisidores, que me garantizaban que podía volver a Venecia. Llevaba la fecha de 3 de septiembre de 1774. Once días después llegaba a mi ciudad natal.

Descenso y final

Con el regreso de Casanova del destierro terminan sus *Memorias*. El manuscrito original se titula *Historia de mi vida hasta el año 1797*. El autor dijo varias veces en sus cartas que vendrían a formar un total de quince volúmenes, pero sólo existen doce. Sin embargo, es mejor que las Memorias terminen así, pues los siguiente veinticuatro años en la vida del gran amante parecen haber sido marcados por un lamentable descenso en su estilo de vida.

La juventud y la energía física eran el patrimonio de Casanova, y durante los treinta años que siguieron a los diecisiete primeros de su vida, prodigó su juventud y su vigor. Amó, comió, jugó y viajó más y mejor que todos los reyes de su tiempo, porque él no tenía que cuidarse más que de sí mismo. Durante estos años experimentó los más agudos altibajos, sufrió ruinas financieras, hubo de trasponer barreras e invadir terrenos propios de autoridades de todo tipo. Pero aquella vida aventurera tuvo su digno ocaso en su amada Venecia.

Durante unos cuantos meses después de su regreso estuvo ocupando los primeros planos de la celebridad y de la fama. Visitó a cada uno de los tres Inquisidores del Estado y les relató la historia de su fuga de Los Plomos. Se encontró con viejos amigos. Volvía a hablar en su lengua nativa. Respiraba de nuevo el aire húmedo de su ciudad, una vez más gozaba de los paisajes, de los rumores, de los olores de su infancia. Su gran bienhechor, M. Bragadin, murió en 1771, y desde su lecho de muerte le envió su último regalo, consistente en mil coronas. Por su parte, M. Barbaro le había heredado una renta vitalicia de seis sequines al mes. Marcos Dandolo era el único que quedaba para darle la bienvenida a su regreso.

Es raro que un hombre que alcanza una gran celebridad y luego decae siga en el mundo de la alta sociedad. Así le ocurrió a Casanova, quien llegó a convertirse en una especie de leyenda en su propia ciudad, que poco a poco le fue negando el beneficio del prestigio, de tal manera que en muchas ocasiones tuvo que rogar por empleos remunerados tan pobremente que anteriormente su salario lo hubiese regalado a un mendigo. Ante esto escribe:

"Todo el mundo, menos yo, suponía que me darían un empleo adecuado a mis capacidades y que bastase para atender a mi subsistencia... Pero todo el mundo, menos yo, se equivocaba. Se me atribuía todo el talento que un hombre necesita para ganarse la vida, pero cuantos esfuerzos hice durante nueve largos años fueron inútiles."

No habla del empleo eventual que tuvo en el Tribunal, tal vez por resultarle vergonzoso. Al parecer, no hubo más razón que el hambre para aceptar un empleo de espía de la Inquisición. Fue en el año 1776, y se vio precisado a usar un pseudónimo: "*Antonio Pratolini*". Él era un "*soplón*" ocasional y se le pagaba por la información obtenida. Así siguió hasta octubre de 1780, fecha en que su cargo se hizo permanente y se le pagaba un salario fijo de quince ducados al mes. A fines de 1781 se prescindió de sus servicios, y la carta humilde y suplicante que elevó al Tribunal sólo sirvió para que se le pagase un mes más de salario.

Algunos de sus informes se conservan todavía en los Archivos de Venecia. En diciembre de 1776 dio cuenta del carácter sedicioso que tenía el ballet *Coriolano,* por lo que éste fue prohibido. En 1780 escribió, como testigo ocular, el relato del escandaloso alboroto que se produjo en un teatro nuevo cuando se apagaron las luces. El 26 de noviembre de 1781 dio a los inquisidores el soplo de las iniquidades cometidas en una academia de pintura, en la que se hacían estudios con modelos de ambos sexos al desnudo, siendo los alumnos adolescentes de doce o trece años, y estando presentes visitantes que no eran pintores ni dibujantes.

Por aquel tiempo vivía con su última amante veneciana, que era una costurerita que lo amaba verdaderamente. Tomó en alquiler una casita para ella en Barbaria della Tole, pero tenía que cargar con la madre y los hermanos de ella. Vivían una oscura existencia propia de la gente de clase media inferior, y de vez en cuando la amenizaban con excursiones al teatro y a otros festivales, en los que Casanova presentaba a su mujer retazos luminosos de lo que había sido su vida anterior. Con esta mujer, Francesca Buschini, convivió más que con cualquiera otra en su vida. Cuando salió de Venecia, para no volver ya, las cartas que ella le escribió son las claves principales para rastrear sus actividades en Viena y París.

A los sesenta años, el gran amante ya se había eclipsado en la impotencia, pero entonces emergía el escritor. Entre 1775 y 1778 tradujo *La Ilíada* al italiano; en 1779 escribió un libro contra Voltaire; desde enero hasta junio de 1780 publicó una serie de opúsculos para suscriptores, y desde octubre hasta fines del mismo año, durante la visita de una compañía de actores franceses al Teatro San Ángelo, escribió y dio a luz un ensayo llamado *El mensajero de Thalía.* A fines de 1782, cuando se convenció de que ya no podía esperar nada del Tribunal, entró al servicio del marqués de Spínola, en calidad de secretario, pero cometió alguna imprudencia en el cobro de una deuda de juego del marqués. Al ser despedido de su cargo dio salida a su indignación en un folleto que le granjeó la enemistad de toda la nobleza veneciana, y se decidió a emigrar nuevamente de su patria.

Sin embargo, la idea de volver de nuevo a recorrer el mundo lo inquietaba:

"He vivido cincuenta y ocho años y no puedo seguir a pie con el invierno siguiéndome los pasos. Y cuando pienso en echarme los caminos adelante para reanudar mi vida aventurera, me río al verme en el espejo."

Finalmente salió de Venecia a comienzos de 1783 y se fue a Viena, donde se le atribuye un último desacato a su ciudad natal. La embajada de Francia en Venecia escribía en mayo a París:

"La semana pasada llegó a los inquisidores del Estado, en la valija oficial procedente de Viena, una carta anónima en la que se decía que, el veinticinco de este mes arrasaría a Venecia, desde sus cimientos, un terremoto más terrible que el de Mesina. La carta ha producido pánico aquí. Muchos nobles han abandonado la capital y otros más seguirán su ejemplo. El autor de esta misiva anónima es un tal Casanova, quien se las arregló para meter la nota entre la correspondencia del embajador."

Nunca se comprobó si Casanova fue realmente el autor de aquella carta. Volvió a Venecia el 17 de junio en una visita tan fugaz que ni siquiera puso el pie en tierra, saludando a Francesca desde su embarcación y viéndose con sus amigos en otras ciudades aledañas. No obstante, entró al servicio de M. Foscarini, embajador de Venecia en Viena, en febrero de 1784. Antes de hacerse cargo de este empleo, en 1783, volvió a viajar. A últimos de julio llegó a Colonia en magnífico estado de salud, porque "dormía como una marmota y devoraba como un lobo". El 30 de julio escribió desde Spa a Venecia, mandando a Francesca una moneda de oro y quejándose de que todo era caro, puesto que una habitación costaba ocho liras. Allí se encontró con una inglesa que le propuso algo que logró desconcertarlo. Él nunca dijo lo que era, pero una de las hipótesis es que la mujer le ofreció pagarle durante cuatro años por ser su amante. Otra es que la inglesa quería que se sometiese primero a varias pruebas. Cualquiera que haya sido la oferta, él la rechazó, pero en cambio aceptó veinticinco guineas de su banquero.

La carta que Francesca le escribió en septiembre llevaba las gracias por ciento cincuenta liras que le había enviado, y de ella se deduce que él le había contado que se había emborrachado, a lo que Francesca responde:

"Esto me extraña sobre manera, porque yo no te he visto nunca ebrio, y ni siquiera achispado. Me alegro mucho de que el vino te haya remediado la inflamación de las encías y de que hayas vuelto a sentir apetito, porque los ratos alegres y la vida regocijada es lo que más te gusta.".

Casanova fue a París por última vez el 19 de septiembre de 1783. Gozaba de buena salud y declaró que París era un verdadero paraíso que le hacía sentirse veinte años más joven. En Fontainbleu conoció a un simpático joven de veinticinco años que era el hijo de O'Morphi y del coronel Beaufranchet. Fue este hijo de la favorita de Luis XV el que, siendo oficial de la Revolución, mandó batir los tambores para que ahogaran las últimas palabras de Luis XVI frente al patíbulo.

Cuando madame Dubois se separó de Casanova, veintidós años antes, se encontraba embarazada, y Lebel crió a aquel hijo como si fuese suyo. De vuelta a París, por última vez, Casanova tuvo el gusto de conocer a uno de sus hijos.

El 15 de octubre fue testigo del primer viaje en globo de la historia, viendo ascender a Jean-Francois de Rozier a una altura de veintiocho metros en un globo lleno de aire caliente que había diseñado juntamente con los hermanos Montgolfier. Al cabo de cuatro minutos y medio de tanteos y cálculos sobre la dirección de los vientos, de Rozier apagó el fuego del brasero y descendió en un aterrizaje perfecto.

Pocos días después asistió Casanova a una sesión de la *Académie des Inscrptions et Belles-Lettres,* en el viejo Louvre. Escribió de aquella asamblea lo siguiente:

"Estaba yo sentado junto al culto Benjamín Branklin, y me quedé un poco sorprendido al oír que M. Condorcet le preguntaba si creía que se podían dar distintas direcciones a un globo de aire. Franklin le contestó: «Este asunto está todavía en ciernes, de modo que tenemos que esperar». Me pareció increíble que el gran filósofo pudiese ignorar que tenía que ser imposible imprimir al artefacto una dirección distinta de la del aire que lo llenaba."

Pero en abril del año siguiente escribía a Francesca que había ascendido al aire de Viena un globo con seis personas, y que acaso él también subiese. A lo que ella le contestó el cinco de mayo: "Creo que me tomaste el pelo al decirme en serio que ibas a subir en un globo y que, si el viento es favorable, te irías por aire hasta Trieste y de allí vendrías a visitarme a Venecia."

Casanova no se encontró con la suerte y las facilidades que buscaba en París, y el 13 de noviembre de 1783 partió, sacando de deudas a su hermano, el pintor Francisco Casanova. Fue la última vez que vio París, y en 1797 escribía: "El motín popular *(la Revolución)* me da asco, y ya soy demasiado viejo para poder ver en qué va a terminar."

Antes del fin de año volvía a sus viejos hábitos, vagando de Viena a Dresde y luego a Berlín, Dessan, Praga, y de nuevo a Viena. Francesca le escribe: "Estoy extrañada, mi querido amigo, de estos largos viajes que estás haciendo con el tiempo tan frío, pero ya sé que eres un gran hombre, lleno de valor, de vigor y de corazón; viajas como si tal cosa con este frío terrible."

Como ya hemos dicho, en febrero de 1784 entró al servicio de M. Foscarini, embajador de Venecia en Viena. Durante el carnaval asistió cuatro veces a los bailes de máscaras, bailando minuetes y cuadrillas con gran asombro del embajador, quien dijo que todos eran viejos de sesenta años, lo cual era un insulto para Casanova, que no tenía más de cincuenta y ocho.

Mientras paseaba por el Graven se encontró con su amigo y criado Costi, el que se fugó con una verdadera fortuna en ropas y joyas. Agarró al ladrón y le hubiera dado una buena paliza si no lo detienen. Costi, que era entonces criado del conde Hardegg, hubo de entregarle un anillo de camafeo, que era la última pieza que le quedaba del botín.

Siguió siendo secretario de Foscarini hasta la muerte de éste, ocurrida el 23 de abril de 1785. Entonces se encontró de nuevo al garete; pero conoció al conde Waldstein, noble simpático e indulgente de treinta años, a quien cayó bien Casanova. Era dueño de Dux, castillo del norte de Bohemia. Se convirtió en el protector de Casanova y gracias a él escribió *Las Memorias*.

Poco antes de entrar al servicio de Waldstein, Casanova se escapó por última vez del matrimonio, sobre esto escribió: "En 1785, de no haber sido por mi ángel guardián, me hubiese casado a lo tonto en Viena con una muchacha casquivana de la que me había enamorado." Esta joven debió haber sido "Caton M." a quien dedicó un encendido poema de amor que ha llegado hasta nosotros, o tal vez "Kaspar", quien había sido amante del emperador José II de Austria.

Casanova a los 70 años.

En septiembre de 1785 se juntó con el conde de Waldstein en el balneario bohemio de Teplitz, y se fueron los dos a Dux, donde en la biblioteca del castillo, y con una pensión del mil florines al año, pasó los últimos doce años que le quedaban de vida.

A su colección de cuarenta mil volúmenes, el conde había incorporado un libro viviente y locuaz que lo divertía a él y a sus huéspedes. Fue uno de los libros más gloriosos de la época, una enciclopedia llena de acontecimientos del siglo que no se habían escrito jamás, un hombre lleno de citas y anécdotas para cada situación. Por aquel castillo pasaron personajes de la alta nobleza, como José II, El conde Maximiliano Lamberg y el príncipe Carlos de Ligne. Entre los intelectuales que también desfilaron por ahí cabe destacar a Goethe y a Shiller.

Cuando no tenía que hacer honores a los huéspedes, Casanova leía y escribía. Su producción fue enorme. Se carteaba con las hermosas damas de su vida pasada y con las jóvenes que iba conociendo. Mantuvo relaciones con hombres de gran influencia. Redactó numerosos folletos, artículos y libros sobre una media docena de temas distintos: sobre la diferencia entre las repúblicas de Venecia y Holanda; anécdotas de un viaje a Sultzbach; la historia de la fuga de Los Plomos, *L'Ísocaméron,* una novela científica en cinco volúmenes refutando a Newton, en que se anticipaba a Julio Verne e iba más allá de Darwin; una disertación matemática sobre el doble del cubo, y un ensayo sobre los nuevos vocablos y frases introducidos en el francés por la Revolución. Todos estos trabajos se publicaron. Dejó todavía una docena más que no tuvo dinero para dar a luz. Pero sobre todo escribió sus Memorias.

Con esta obra Casanova restituyó al mundo todo lo que éste le había dado. Dio a sus mujeres una inmortalidad que perdurará mientras la gente siga divirtiéndose con las aventuras de este formidable amante.

Su gran obra terminó cuando cayó enfermo de muerte en febrero de 1798. Murió de una infección en la próstata. Estuvo sufriendo durante tres meses y medio y falleció el primero de junio, a los setenta y tres años de edad. Fue enterrado en el cementerio de Santa Bárbara, en Dux.

Impreso en Offset Libra

Francisco I. Madero 31

San Miguel Iztacalco,

México, D.F.